正の数と負の数

正《せい》の数《すう》・負《ふ》の数

月　　日

1 次の問いに答えなさい。

(1)　現在より30分後のことを＋30分と表すことにすると、20分前はどのように表されますか。

〔　　　　〕

(2)「5cm低い」を「高い」ということばを使って表しなさい。

〔　　　　〕

2 下の数直線で、点A、Bに対応する数を答えなさい。また、＋0.5に対応する点Cを数直線にしるしなさい。

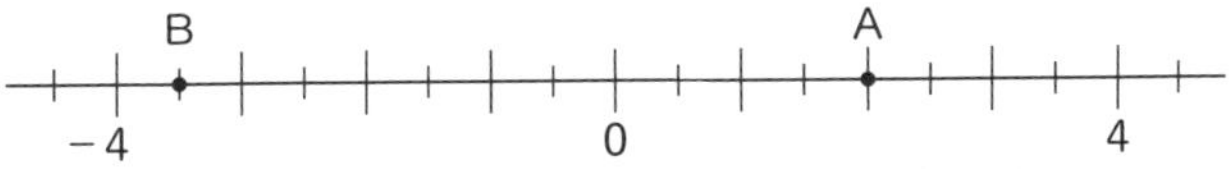

A〔　　　　〕

3 次の問いに答えなさい。

(1)　次の数の絶対値《ぜったいち》を答えなさい。

①　＋9　　　　②　－1.5

〔　　　　〕　〔　　　　〕

(2)　絶対値が2である数をすべて答えなさい。

〔　　　　〕

4 次の各組の数の大小を、不等号を使って表しなさい。

(1)　＋4、－7　　　　(2)　－0.5、－3、0

〔　　　　〕　〔　　　　〕

ヒント

1 (1) ○分後を＋(プラス)で表すので、○分前は－(マイナス)で表せます。

4 (2) 負の数は、絶対値が大きいほど小さいです。

何問できた？　10問中　　問

加法

月　日

1 次の計算をしなさい。

(1) $(-4)+(-12)$

(2) $(+7)+(-2)$

(3) $(-9)+(+13)$

(4) $(-6)+(+6)$

(5) $(-25)+(-17)$

(6) $0+(-10)$

(7) $(-5)+(+9)+(-1)$

(8) $(+3)+(-7)+(-11)+(+8)$

2 次の計算をしなさい。

(1) $(-5.7)+(+6.4)$

(2) $(+0.8)+(-1.5)$

(3) $\left(+\frac{2}{3}\right)+\left(-\frac{3}{5}\right)$

(4) $\left(-\frac{7}{12}\right)+\left(+\frac{4}{9}\right)$

＼ヒント／

1 異《い》符《ふ》号《ごう》の2つの数の和は、絶対値の差に絶対値が大きいほうの符号をつけます。

2 小数や分数のときも、整数のときと同じように考えて計算します。

解答 ➔ P.101

何問できた?

12問中　　問

減法

月　　日

1 次の計算をしなさい。

(1) $(-8)-(-5)$

〔　　　〕

(2) $(+2)-(-7)$

〔　　　〕

(3) $(-11)-(+9)$

〔　　　〕

(4) $(-4)-(+4)$

〔　　　〕

(5) $(-5)-(-5)$

〔　　　〕

(6) $(+6)-(-17)$

〔　　　〕

(7) $0-(-21)$

〔　　　〕

(8) $(-15)-0$

〔　　　〕

2 次の計算をしなさい。

(1) $(-0.4)-(+0.1)$

〔　　　〕

(2) $(-3)-(-1.6)$

〔　　　〕

(3) $\left(+\frac{4}{3}\right)-\left(-\frac{3}{4}\right)$

〔　　　〕

(4) $\left(-\frac{2}{15}\right)-\left(-\frac{4}{5}\right)$

〔　　　〕

＼ヒント／

1 減法は、ひく数の符号《ふごう》を変えて、加法になおして計算します。

何問できた？　12問中　　問

解答 ➔ P.101

正の数と負の数

加法と減法

月　日

1 次の式の項《こう》をすべて答えなさい。

(1) $-7+4-10$　〔　　〕

(2) $5-9-1$　〔　　〕

2 次の計算をしなさい。

(1) $9-3+1-4$　〔　　〕

(2) $-12+5-2+7$　〔　　〕

(3) $-4-(+1)+5+(-3)$　〔　　〕

(4) $2-(-10)-(+7)-6$　〔　　〕

(5) $1.3-2.8-0.8$　〔　　〕

(6) $-2.7+(-1.9)-(-5.4)$　〔　　〕

(7) $\frac{1}{2}-\frac{2}{5}+\frac{1}{6}$　〔　　〕

(8) $-\frac{3}{4}-\left(-\frac{5}{6}\right)+\left(-\frac{4}{9}\right)$　〔　　〕

\ヒント/

1 加法だけの式になおしたときのそれぞれの数を項といいます。

2 正の項の和、負の項の和をそれぞれ先に求めて計算します。

解答 → P.102

何問できた?

10問中　問

乗法

月　日

1 次の計算をしなさい。

(1) $(-2)\times(-7)$

(2) $5\times(-9)$

(3) $(-4)\times12\times(-5)$

(4) $(-3)\times15\times(-2)\times(-7)$

(5) $(-2.5)\times0.4$

(6) $\left(-\dfrac{12}{5}\right)\times6\times\left(-\dfrac{5}{9}\right)$

2 次の計算をしなさい。

(1) -4^2

(2) $(-0.6)^2$

(3) $2\times(-3)^3$

(4) $(-5)^2\times(-2^2)$

ヒント

1 積の符号《ふごう》は、負の数の個数で決めます。負の数が偶数《ぐうすう》個なら「＋」、奇数《きすう》個なら「－」になります。

2 (3) 累乗《るいじょう》をふくむ計算は、累乗を先に計算します。

何問できた？

10問中　　問

除法

月　　日

1 次の計算をしなさい。

(1) $(-12)\div(-3)$

(2) $(+28)\div(-4)$

(3) $(-36)\div(+6)$

(4) $24\div(-8)$

(5) $0\div(-9)$

(6) $(-4.5)\div(-0.5)$

2 次の計算をしなさい。

(1) $\dfrac{2}{5}\div\left(-\dfrac{5}{8}\right)$

(2) $\left(-\dfrac{3}{4}\right)\div(-6)$

(3) $\left(-\dfrac{5}{3}\right)\div\left(-\dfrac{5}{6}\right)$

(4) $12\div\left(-\dfrac{8}{9}\right)$

\ヒント/

1 商の符号《ふごう》も積の符号と同様に、負の数の個数で決めます。
2 わる数を逆数《ぎゃくすう》にしてかけます。

解答 ➜ P.102

何問できた？

10問中　　問

乗法と除法

月　　日

1 次の計算をしなさい。

(1) $(-4)\div\frac{2}{3}\times\left(-\frac{1}{2}\right)$

(2) $(-9)\div(-12)\times(-14)$

(3) $\frac{5}{4}\times\left(-\frac{3}{10}\right)\div\left(-\frac{3}{8}\right)$

(4) $\left(-\frac{3}{2}\right)\times 8\div\frac{15}{7}$

(5) $\frac{10}{9}\div\left(-\frac{2}{5}\right)\div\frac{5}{6}$

(6) $\left(-\frac{4}{3}\right)\div\left(-\frac{8}{15}\right)\div 4$

(7) $(-16)\times(-3)^2\div(-12)$

(8) $24\div\left(-\frac{9}{2}\right)\div(-2^2)$

＼ヒント／

1 乗法だけの式になおして計算します。

何問できた？

8問中　　　問

四則の混じった計算

月　日

1 次の計算をしなさい。

(1) $6+(-4)\times 3$

(2) $-10+8\div(-2)$

(3) $18\div(5-14)$

(4) $(-7+3)\times(-6)$

(5) $(-3)\times(-2)^2-(-10)$

(6) $(-4^2)\div 8+(-9)$

(7) $\left(\frac{7}{12}-\frac{5}{8}\right)\times 24$

(8) $(-60)\times\left(\frac{1}{5}+\frac{11}{30}\right)$

＼ヒント／

1 累乗《るいじょう》→かっこの中→乗法・除法→加法・減法　の順に計算します。
(7)、(8)は、分配法則《ぶんぱいほうそく》…$(a+b)\times c=a\times c+b\times c$　$a\times(b+c)=a\times b+a\times c$ を使います。

何問できた？　8問中　問

解答 ➔ P.103

素数《そすう》と素因数分解《そいんすうぶんかい》

月　　日

1 次の数の中から、素数をすべて選びなさい。

1、2、4、7、15、19、21、25、31、36、39、43

〔　　　　　　　　　　〕

2 次の数を素因数分解しなさい。

(1) 24

〔　　　　　　〕

(2) 36

〔　　　　　　〕

(3) 90

〔　　　　　　〕

(4) 140

〔　　　　　　〕

(5) 198

〔　　　　　　〕

(6) 420

〔　　　　　　〕

3 54をできるだけ小さい数でわって、ある数の２乗にするには、どんな数でわればよいですか。

〔　　　　〕

＼ヒント／

1 1とその数自身の積でしか表せない自然数を素数といいます。

2 自然数を素数だけの積で表すことを素因数分解といいます。

解答 ➔ P.103

何問できた?

8問中　　　問

正の数・負の数の利用

月　日

1 下の表は、A～Dの生徒4人のゲームの得点を、30点を基準にして、それより高い場合を正の数、それより低い場合を負の数で表したものです。

生徒	A	B	C	D
基準との差(点)	+12	−9	−4	+7

(1)　AとBの得点の差は何点ですか。

〔　　　　〕

(2)　基準との差の平均を求めなさい。

〔　　　　〕

(3)　4人の得点の平均を求めなさい。

〔　　　　〕

2 下の表は、学校の図書室で月曜日から金曜日までに借りられた本の冊数を、月曜日を基準にして、それより多い場合を正の数、それより少ない場合を負の数で表したものです。火曜日に借りられた冊数は72冊でした。

曜日	月	火	水	木	金
基準との差(冊)	0	−8	+11	−16	+20

(1)　月曜日に借りられた本の冊数は何冊ですか。

〔　　　　〕

(2)　月曜日から金曜日までに借りられた本の冊数の平均を求めなさい。

〔　　　　〕

ヒント

1 (得点の平均)=(基準)+(基準との差の平均)

2 (2) まず、基準との差の平均を求めます。

何問できた?

5問中　　問

文字式の表し方（積と商）

月　日

1 次の式を、文字式の表し方にしたがって書きなさい。

(1) $a\times(-2)$

(2) $y\times3\times x$

(3) $b\times b\times b\times(-1)$

(4) $m\div n$

(5) $-5c\div7$

(6) $(x-y)\div9$

(7) $x\div(-y)-z$

(8) $-4\times a+b\div8$

2 次の式を、×や÷の記号を使って表しなさい。

(1) $4xy$

(2) $-a^2$

(3) $\dfrac{2x}{3}$

(4) $\dfrac{7}{m}$

ヒント

1 (1) 記号×ははぶき、数は文字の前に書きます。　(2) 文字はアルファベットの順に書きます。
(4) 記号÷は使わず、分数の形で書きます。　(6)、(7)、(8) 記号＋や－ははぶけません。

解答 → P.104

何問できた？

12問中　問

文字式の表し方（数量）

月　　日

1 **次の数量を、文字式の表し方にしたがって、式に表しなさい。**

(1)　1個120円のりんごを a 個買ったときの代金

〔　　　　　　　〕

(2)　x mのリボンを5人で等分したときの1人分の長さ

〔　　　　　　　〕

(3)　1枚 m 円のクッキー12枚を n 円の箱に入れて買ったときの代金

〔　　　　　　　〕

(4)　時速 b kmで8kmの道のりを進んだときにかかった時間

〔　　　　　　　〕

(5)　c 円の品物を20%引きで買ったときの代金

〔　　　　　　　〕

(6)　底辺が a cm、高さが h cmの平行四辺形の面積

〔　　　　　　　〕

(7)　x kgの品物を y gのケースに入れたときの全体の重さ

〔　　　　　　　〕

2 **1冊 a 円のノートと1本 b 円の鉛《えん》筆《ぴつ》があります。このとき、次の式はどんな数量を表していますか。**

(1)　$3a$　　　　(2)　$5a+2b$

〔　　　　　　　〕　〔　　　　　　　〕

＼ヒント／

1 (1)（代金）＝（単価）×（個数）　(4)（時間）＝（道のり）÷（速さ）

(7) 単位が異なる量は単位をそろえて表します。x kg＝1000x g　y g＝$\frac{y}{1000}$ kg です。

解答➔P.104

式の値・項《こう》と係数・1次式

月　日

1 $a=4$ のとき、次の式の値を求めなさい。

(1) $4a+2$　　(2) $9-3a$

〔　　〕　〔　　〕

2 $x=-\frac{1}{2}$ のとき、次の式の値を求めなさい。

(1) $8x^2$　　(2) $12x+6$

〔　　〕　〔　　〕

3 $x=-3$、$y=6$ のとき、次の式の値を求めなさい。

(1) $4x-3y$　　(2) $-x+\frac{2}{3}y$

〔　　〕　〔　　〕

4 次の式の項と係数を答えなさい。

(1) $2a+b$

項〔　　〕
係数〔　　〕

(2) $\frac{x}{6}-5y$

項〔　　〕
係数〔　　〕

5 次の式の中から1次式をすべて選んで、記号で答えなさい。

ア $8x+1$　　イ $5m^2+m$　　ウ $-ab$

エ -10　　オ $-a+4b$　　カ $\frac{4}{7}x-\frac{1}{3}y$

〔　　〕

＼ヒント／

1 式の中の文字を数におきかえて（代入して）計算した結果を、式の値といいます。
4 加法の記号＋で結ばれた1つ1つを項といい、文字をふくむ項の数の部分が係数です。

解答 → P.105

何問できた？　11問中　　問

文字を用いた式

加法と減法①

月　日

1 次の計算をしなさい。

(1) $6x+5x$

(2) $2a-9a$

(3) $-14y-(-4y)$

(4) $10x-4x-7x$

(5) $0.2a-a$

(6) $-\frac{2}{3}m+\frac{1}{4}m$

2 次の計算をしなさい。

(1) $3x+1+6x+5$

(2) $2a-3-a+8$

(3) $-7y-9+4+7y$

(4) $15m-4-9m+8-m$

(5) $0.2x-0.6-0.3x+0.8$

(6) $-\frac{1}{2}b-\frac{5}{6}+\frac{1}{6}-\frac{4}{3}b$

＼ヒント／

1 文字の部分が同じ項《こう》は、$mx+nx=(m+n)x$ を使って１つの項にまとめることができます。

2 同じ文字の項どうし、数の項どうしをそれぞれまとめます。

何問できた？

12問中　問

文字を用いた式

加法と減法②

月　日

1 次の計算をしなさい。

(1) $(5a+8)+(2a+3)$

〔　　〕

(2) $(-2x+3)+(4x-9)$

〔　　〕

(3) $(4+6y)+(8-7y)$

〔　　〕

(4) $(9m+3)-(m+1)$

〔　　〕

(5) $(5y-11)-(5y-18)$

〔　　〕

(6) $8x-(10-2x)$

〔　　〕

(7)
$$\begin{array}{rr} & 10x+5 \\ +) & x-7 \\ \hline \end{array}$$

(8)
$$\begin{array}{rr} & -2x-3 \\ -) & -7x+5 \\ \hline \end{array}$$

2 次の計算をしなさい。

(1) $(0.1a+0.4)+(0.3a-0.2)$

〔　　〕

(2) $(1.5x-1.6)-(0.8x-1)$

〔　　〕

(3) $\left(\frac{1}{5}y+3\right)+\left(\frac{4}{5}y+4\right)$

〔　　〕

(4) $\left(\frac{1}{7}b+9\right)-\left(11+\frac{3}{14}b\right)$

〔　　〕

\ヒント/

1 加法はそのままかっこをはずします。$+(a+b)=+a+b$　$+(a-b)=+a-b$
減法はひく式の各項《かくこう》の符号《ふごう》を変えて、かっこをはずします。$-(a+b)=-a-b$　$-(a-b)=-a+b$

解答 ➔ P.105

何問できた?

12問中　　問

乗法と除法①

1 次の計算をしなさい。

(1) $3x \times (-7)$

〔　　　　〕

(2) $-\frac{5}{4}a \times (-20)$

〔　　　　〕

(3) $15y \div 5$

〔　　　　〕

(4) $-6b \div \left(-\frac{3}{5}\right)$

〔　　　　〕

2 次の計算をしなさい。

(1) $-(5-x)$

〔　　　　〕

(2) $2(2a+4)$

〔　　　　〕

(3) $(x-9) \times (-3)$

〔　　　　〕

(4) $15\left(\frac{1}{3}x + \frac{4}{5}\right)$

〔　　　　〕

(5) $(2x+4) \div (-2)$

〔　　　　〕

(6) $(18a-30) \div 6$

〔　　　　〕

(7) $(27+9y) \div (-3)$

〔　　　　〕

(8) $(3a-15) \div \frac{3}{4}$

〔　　　　〕

＼ヒント／

2 1次式と数の乗法は、分配法則《ぶんぱいほうそく》を使って1次式の各項《かくこう》に数をかけます。$a(b+c)=ab+ac$
1次式と数の除法は、1次式の各項を数でわるか、1次式にわる数の逆数をかけます。

解答 → P.106

何問できた？

12問中　　問

文字を用いた式

乗法と除法②

月　　日

1 次の計算をしなさい。

(1) $\dfrac{3x+5}{7}\times 7$　〔　　〕

(2) $6\times\dfrac{2x+3}{2}$　〔　　〕

(3) $\dfrac{y+5}{3}\times(-15)$　〔　　〕

(4) $\left(\dfrac{8}{3}a-9\right)\div\left(-\dfrac{1}{3}\right)$　〔　　〕

2 次の計算をしなさい。

(1) $5(x-4)-10x$　〔　　〕

(2) $4a+2(3a-1)$　〔　　〕

(3) $6(x-3)+(2x-5)$　〔　　〕

(4) $7(x-4)-2(3x-9)$　〔　　〕

(5) $4\left(\dfrac{1}{2}y+1\right)-9\left(\dfrac{2}{3}y-2\right)$　〔　　〕

(6) $\dfrac{x-2}{3}+\dfrac{x+1}{2}$　〔　　〕

＼ヒント／

1 分数の形の式と数との乗法は、かける数と分母で約分してから計算します。

2 かっこがある式では、分配法則を使ってかっこをはずし、項《こう》をまとめます。

文字を用いた式

関係を表す式

月　日

1 次の数量の関係を等式で表しなさい。

(1)　1本x円のペン4本と200円のノート1冊を買ったとき、代金の合計は800円だった。

〔　　　　　　　　〕

(2)　図書館にいた26人のうちx人が帰ったので、残りの人数が8人になった。

〔　　　　　　　　〕

(3)　aから5をひいた数は、bの3倍に等しい。

〔　　　　　　　　〕

(4)　時速$x$kmで3時間歩いたら、$y$km進んだ。

〔　　　　　　　　〕

2 次の数量の関係を不等式で表しなさい。

(1)　ある数mに5を加えた数は、もとの数mの2倍より小さい。

〔　　　　　　　　〕

(2)　1個200gの品物x個を400gの箱に入れたとき、合計の重さはyg以上になる。

〔　　　　　　　　〕

(3)　長さ12mのひもから、長さamのひもを3本切ると、その残りはbm以下になる。

〔　　　　　　　　〕

(4)　ある生徒の3回の数学のテストの得点はa点、b点、c点で、3回の平均点は70点以上である。

〔　　　　　　　　〕

\ヒント/

1 等号「＝」を使って、数量の等しい関係を表した式を等式といいます。

2 不等号「<、>、≦、≧」を使って、数量の大小関係を表した式を不等式といいます。

解答 ➔ P.106

何問できた?

8問中　問

方程式の解き方①

月　日

★方程式《ほうていしき》…式の中の文字に特別な値を代入すると成り立つ等式。
方程式を成り立たせる文字の値を、方程式の解《かい》という。

★等式の性質

❶等式の両辺に同じ数や式をたしても、等式は成り立つ。

$A=B$ ならば、$A+C=B+C$

❷等式の両辺から同じ数や式をひいても、等式は成り立つ。

$A=B$ ならば、$A-C=B-C$

❸等式の両辺に同じ数や式をかけても、等式は成り立つ。

$A=B$ ならば、$A\times C=B\times C$

❹等式の両辺を同じ数や式でわっても、等式は成り立つ。

$A=B$ ならば、$\dfrac{A}{C}=\dfrac{B}{C}$ $(C\neq 0)$

1 -1、0、1 のうち、方程式 $6x-1=5$ の解はどれですか。

〔　　　　〕

2 次の方程式を等式の性質を使って、$x=\square$ の形にして解きなさい。

(1) $x-4=2$

〔　　　　〕

(2) $x-7=-10$

〔　　　　〕

(3) $5+x=-2$

〔　　　　〕

(4) $\dfrac{x}{3}=4$

〔　　　　〕

(5) $8x=24$

〔　　　　〕

(6) $-6x=3$

〔　　　　〕

方程式

方程式の解き方②

月　日

★移項《いこう》…等式の一方の辺にある項を、その符号《ふごう》を変えて他方の辺に移すこと。

★移項を利用した方程式の解き方

❶文字の項を左辺に、数の項を右辺に移項する。

❷両辺を整理して、$ax=b$ の形にする。

❸両辺を x の係数 a でわる。

例 $4x+5=17$

移項

$4x=17-5$

$4x=12$

$x=3$

1 次の方程式を解きなさい。

(1) $7x-5=16$

(2) $2-3x=11$

(3) $3x=5x+14$

(4) $2x+12=4x$

(5) $x+11=-5x+16$

(6) $3x-4=5x+2$

(7) $-4+8x=12+6x$

(8) $3-6x=2x+19$

何問できた?　8問中　問

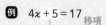

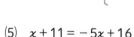

世界の大陸と地域区分

月　日

1 地図を見て、次の問いに答えなさい。

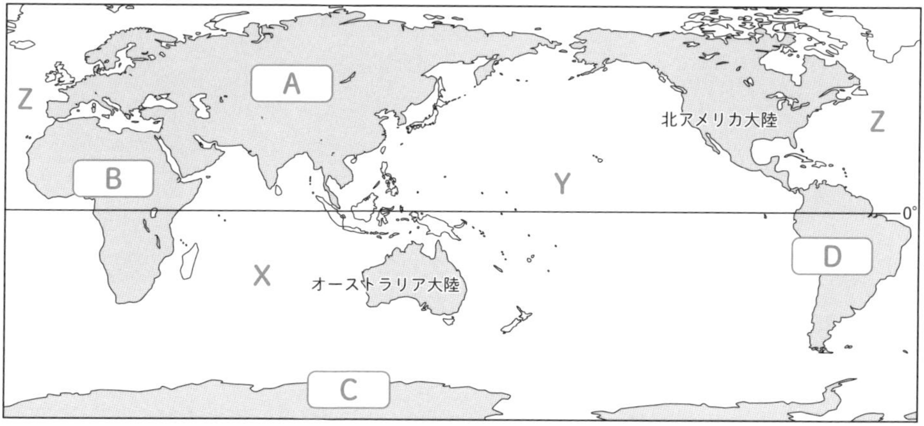

(1) 地図中のA～Dにあてはまる大陸名を答えなさい。

A〔　　　　大陸〕　B〔　　　　大陸〕
C〔　　　　大陸〕　D〔　　　　大陸〕

(2) 地図中のX～Zにあてはまる海洋名を答えなさい。

X〔　　　　〕　Y〔　　　　〕　Z〔　　　　〕

(3) 世界を六つの州に分けたとき、地図中のAの大陸は何州と何州に分けられますか。

〔　　　　州〕と〔　　　　州〕

(4) 世界を六つの州に分けたとき、オーストラリアは何州にふくまれますか。

〔　　　　州〕

ヒント

1 (1) Aの大陸は、六大陸の中でもっとも面積が広い大陸です。
(4) オーストラリアが含《ふく》まれる州の名称《めいしょう》は、大陸名と異なるので注意しましょう。

解答 ➔ P.108

何問できた？　10問中　　問

緯《い》度《ど》と経《けい》度《ど》

月　　日

1 **右の図を見て、次の問いに答えなさい。**

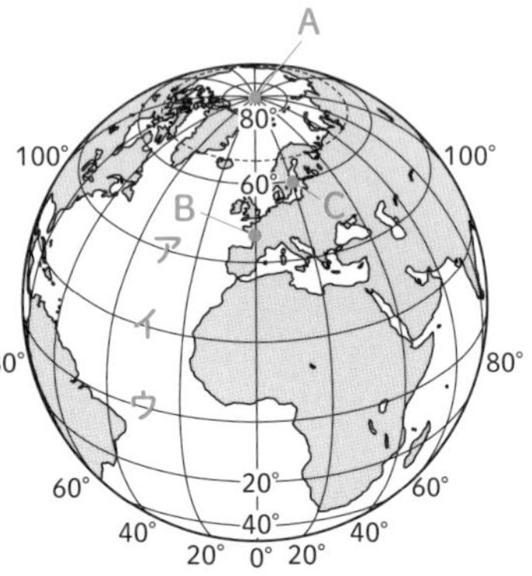

(1)　図中のAの地点を何といいますか。

〔　　　　　　〕

(2)　図中のBの0度の経線《けいせん》を何といいますか。また、この経線が首都を通る国はどこですか。

Bの経線〔　　　　　　〕

国〔　　　　　　〕

(3)　図中のBの経線からAの地点を通って、地球のちょうど反対にある経線の経度は何度ですか。

〔　　　　　　度〕

(4)　赤道《せきどう》を示す緯線《いせん》を、図中のア～ウから1つ選びなさい。

〔　　〕

(5)　図中のCの位置を正しく表しているものを、次の**ア**～**エ**から1つ選びなさい。

〔　　〕

ア　北緯《ほくい》60度、東経《とうけい》20度　　**イ**　北緯60度、西経《せいけい》20度

ウ　南緯《なんい》60度、東経20度　　**エ**　南緯60度、西経20度

(6)　次の［　　］の国々が位置しているのは、北半球《きたはんきゅう》、南半球《みなみはんきゅう》のどちらですか。

〔　　　　　　〕

中国　　ロシア　　アメリカ合衆国《がっしゅうこく》　　フランス

＼ヒント／

1 (3) 経度は0度の経線を基準に、東西に180度に分けられます。
(6) 北半球は赤道から北半分、南半球は赤道から南半分の地域です。

解答→P.108

何問できた？　7問中　　問

世界と日本の姿

地《ち》球《きゅう》儀《ぎ》と世界地図

月　日

1 次の特徴《とくちょう》にあてはまるのは、地球儀、世界地図のどちらですか。

(1)　球体である地球を縮めた模型。〔　　〕

(2)　地球上の陸地や海洋全体を、平面の図にえがいて、持ち運びやすくしたもの。〔　　〕

2 地図を見て、次の問いに答えなさい。

(1)　地図Ⅰでは、中心(東京)からの距離《きょり》と方位が正しく表されています。
地図Ⅰを見て、次の問いに答えなさい。

①　東京から見た、サンフランシスコのおおよその方位を、8方位で答えなさい。〔　　〕

②　地図Ⅰ中の都市のうち、東京から最も遠くに位置する都市はどこですか。〔　　〕

地図Ⅰ

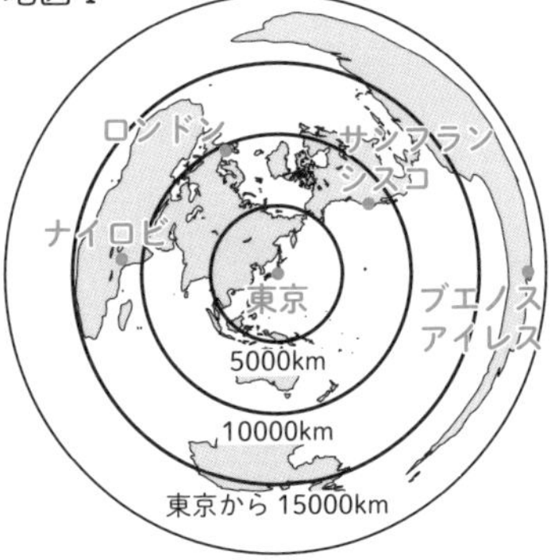

(2)　地図Ⅱと資料を見て、地図Ⅱの特徴をまとめました。{　　} の中の正しいものに、〇をつけなさい。

・地図Ⅱには、赤道からはなれて、
①{ 緯度《いど》 ・ 経度《けいど》 }が高くなるほど、実際の面積よりも
②{ 小さく ・ 大きく } 表されるという特徴があります。

地図Ⅱ　緯線と経線が直角に交わった地図

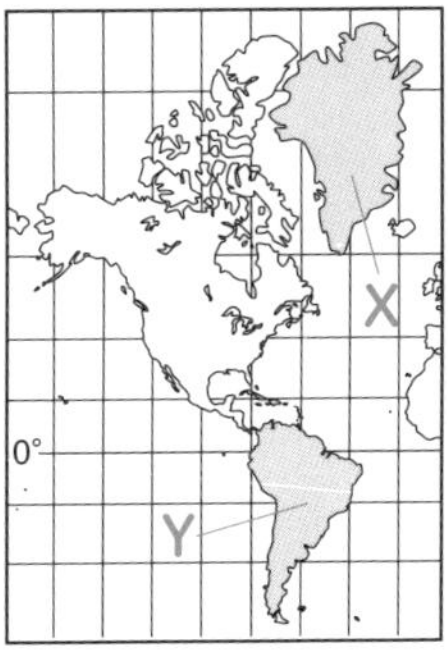

資料

Xの面積
約217万km²

Yの面積
約1784万km²

\ヒント/

1 1つの地図に、距離、方位、面積のすべてを正しく表すことはできません。
2 (2) 地図Ⅱと資料で、XとYの位置や面積を比べてみよう。

何問できた？　6問中　問

解答➡P.108

世界のいろいろな国

月　日

1 地図を見て、次の問いに答えなさい。

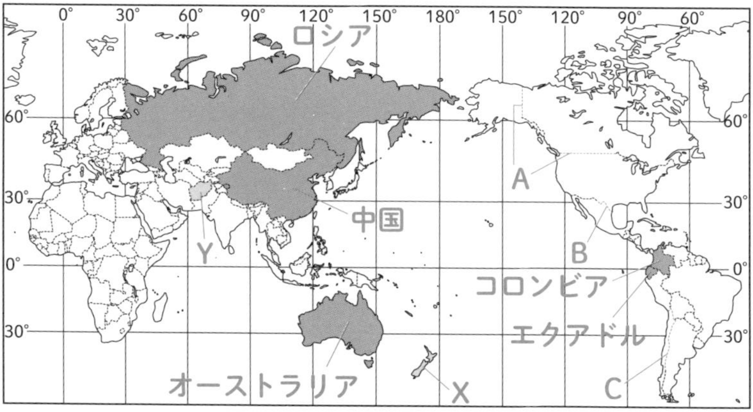

⑴　次の文中の□にあてはまる語句を答えなさい。

①　地図中のXの国は、国土の周りを海に囲まれており、他国と陸地で接していない□です。〔　　〕

②　地図中のYの国は、国土が全く海に面していない□です。〔　　〕

⑵　地図中のA～Cが示す国境線は、何に基づいて決められたものですか。次の**ア**～**ウ**から１つずつ選びなさい。　A〔　　〕　B〔　　〕　C〔　　〕

ア　河川　　**イ**　緯線《いせん》や経線《けいせん》　　**ウ**　山脈

⑶　次の説明にあてはまる国を、地図中から選んで答えなさい。

①　「赤道《せきどう》」という意味の国名をもつ国〔　　〕

②　面積が世界最大の国〔　　〕

③　インドに次いで人口が多い国〔　　〕

＼ヒント／

1　⑴ ①には日本やフィリピンも含《ふく》まれます。②にはモンゴルも含まれます。
⑶ ① コロンビアの国名は、アメリカ大陸の発見者「コロンブス」に由来します。

何問できた？　8問中　　問

解答➜P.108

日本の位置と時差

月　日

1 地図を見て、次の問いに答えなさい。

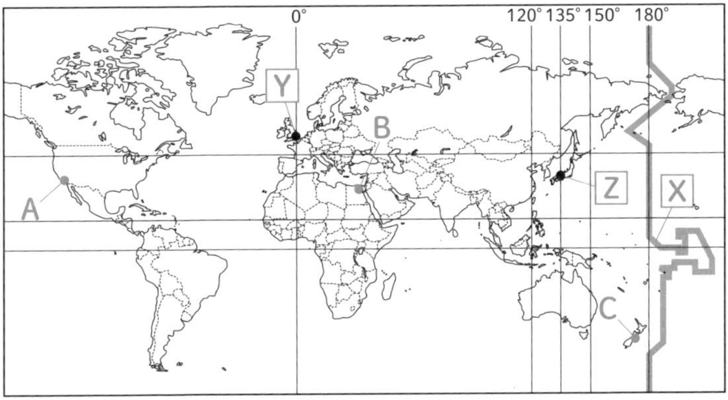

(1) 日本の位置について、{　　} の中の正しいものに、〇をつけなさい。

・日本は、ユーラシア大陸の① {　西　・　東　} に位置し、東西はおよそ② {　東経《とうけい》　・　西経《せいけい》　} 122度から154度、南北はおよそ③ {　北緯《ほくい》　・　南緯《なんい》　} 20度から46度の範囲《はんい》に位置しています。

(2) 日本の標準時子午線《ひょうじゅんじしごせん》は何度ですか。東経または西経をつけて答えなさい。

〔　　　　　〕

(3) 地図中のXの線を何といいますか。

〔　　　　　〕

(4) 地図中のA～Cの都市を、1月1日午後6時を早くむかえる順に並べなさい。

〔　　→　　→　　〕

(5) 地図中のYの都市とZの都市の時差は何時間ですか。

（Yと Zの都市は、それぞれ0度と135度を標準時子午線としている。）

〔　　　時間〕

＼ヒント／

1 (3) ほぼ180度の経線に沿っている、日付を調整する役割をもつ線です。
(5) 経度15度につき1時間の時差が生じます。Yと Zの都市の経度の差を求めましょう。

何問できた？

7問中　　問

47都道府県と地方区分

月　　日

1 次の問いに答えなさい。

(1)　次の文中の［　　］にあてはまる語句を答えなさい。〔　　　　〕

・日本列島は、北海道、［　　］、四国、九州の四つの大きな島と、そのほかの島々で構成されています。

(2)　日本の北端《ほくたん》に位置する島と、南端に位置する島について答えなさい。

①　それぞれの島の名前を、次の**ア〜エ**から１つずつ選びなさい。

北端の島〔　　〕　南端の島〔　　〕

ア　沖ノ鳥《おきのとり》島　　**イ**　南鳥《みなみとり》島　　**ウ**　与那国《よなぐに》島　　**エ**　択捉《えとろふ》島

②　それぞれの島が属する都道府県名を答えなさい。

北端の島〔　　　　〕　南端の島〔　　　　〕

2 右の日本地図を見て、次の問いに答えなさい。

(1)　日本を七つの地方に分けたとき、図中のXの地方を何といいますか。

〔　　　　地方〕

(2)　図中のY・Zの県庁所在地名を答えなさい。

Y〔　　　　市〕

Z〔　　　　市〕

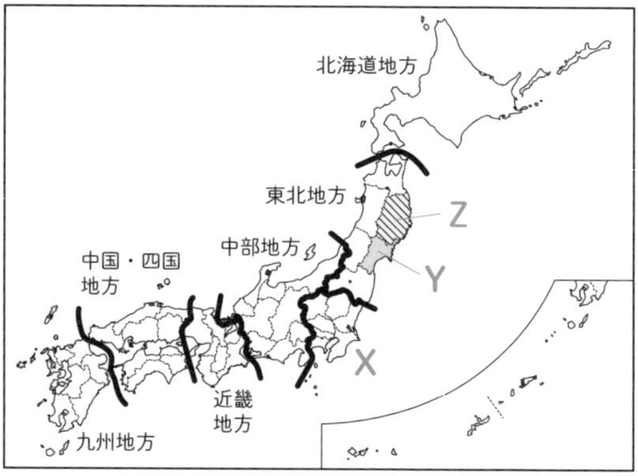

(3)　次の説明文にあてはまる県を答えなさい。〔　　　　〕

中部地方の東海地域にあり、県名と県庁所在地名とが異なる県。

ヒント

1 (2)①　南端に位置する島は水没《すいぼつ》しないように護岸《ごがん》工事が行われました。

2 (3)　東海地域は、中部地方を三つに分けたうちの太平洋側の地域をいいます。

何問できた？

9問中　　問

世界のさまざまな気候

月　日

1 五つの気候帯の分布を表した地図を見て、次の問いに答えなさい。

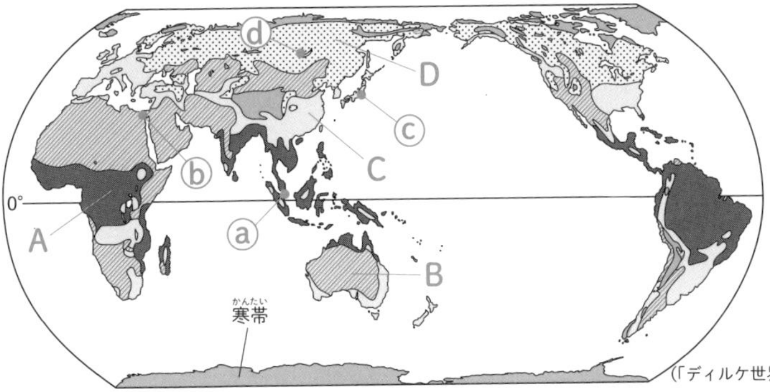

（「ディルケ世界地図」ほか）

(1) 地図中のA～Dの地域の気候帯を、□から１つずつ選びなさい。

冷帯《れいたい》　熱帯《ねったい》
温帯《おんたい》　乾燥帯《かんそうたい》

A〔　　〕 B〔　　〕
C〔　　〕 D〔　　〕

(2) 次の雨温図は、地図中のⓐ～ⓓの都市のものです。ⓐの都市の雨温図を、ア～エから１つ選びなさい。〔　　〕

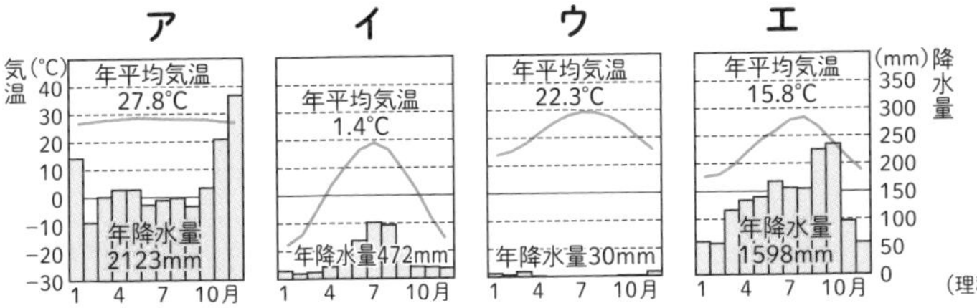

（理科年表）

(3) 熱帯は、雨が一年中多く降る熱帯雨林《ねったいうりん》気候と、雨季に多くの雨が降り、乾季《かんき》には雨がほとんど降らない気候に分けられます。下線部の気候を何といいますか。□から１つ選びなさい。〔　　〕

サバナ気候　ステップ気候　ツンドラ気候

＼ヒント／

1 (1) 冷帯は亜寒帯《あかんたい》ともいい、短い夏と寒さの厳しい冬があり、夏と冬の気温差は大きいです。
(3) まばらな樹木と草原が広がる地域の気候です。

何問できた？　6問中　　問

解答 → P.109

社会
8

世界のさまざまな地域

暑い地域と寒い地域にくらす人々

月　日

1 地図を見て、次の問いに答えなさい。

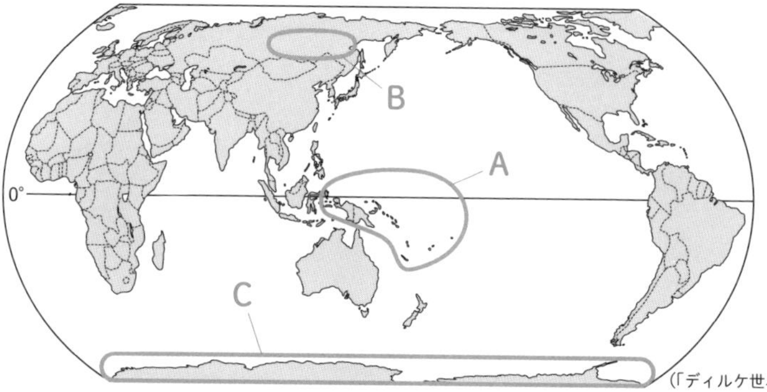

（「ディルケ世界地図」ほか）

⑴ 次の①～③の特徴《とくちょう》が見られる地域を、地図中のA～Cから選びなさい。

① 一年中、雪や氷におおわれている。〔　　〕

② うっそうとした熱帯《ねったい》雨《う》林《りん》が広がっている。〔　　〕

③ タイガとよばれる針葉樹の森林が広がる。〔　　〕

⑵ 地図中のAの地域について、次の問いに答えなさい。

① この地域の伝統的な住居のおもな材料を、次の**ア**～**ウ**から１つ選びなさい。〔　　〕

ア 土や日《ひ》干《ぼ》しれんが　**イ** 石　**ウ** 葉や木材

② この地域の主食を、次の**ア**～**ウ**から１つ選びなさい。〔　　〕

ア いも類　**イ** とうもろこし　**ウ** 小麦

⑶ 右の図は、地図中のBの地域で見られる住宅です。この地域で住宅の床《ゆか》が高くつくられる理由として正しいのは、**ア**、**イ**のどちらですか。

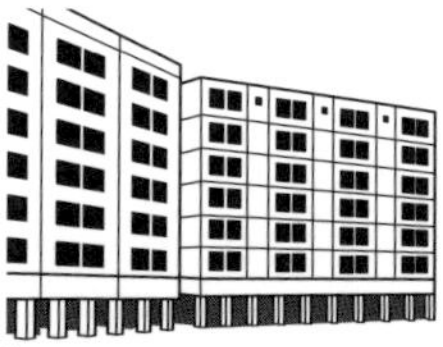

〔　　〕

ア 室内の風通しをよくすることで、室内の湿気《しっけ》を逃《のが》すため。

イ 建物の熱で地面の氷がとけて建物が傾《かたむ》かないようにするため。

＼ヒント／

1 ⑴ 赤道からはなれて緯度《いど》が高くなるほど気温は低くなっていきます。
⑶ Bの地域には、「永久凍土《えいきゅうとうど》」とよばれる凍《こお》った土が広がっています。

何問できた？　6問中　　問

温暖な地域と乾燥《かんそう》した地域、高地にくらす人々

月　日

1 次の問いに答えなさい。

(1) 温帯《おんたい》のうち、次の特徴《とくちょう》にあてはまる地域の気候を、あとの［　　］から1つ選びなさい。〔　　　〕

冬に比べて夏の降水量が少ない、スペイン、フランス、イタリアなどの一部の地域では、夏は乾燥に強いオリーブ、ぶどう、オレンジ類の栽培《さいばい》がさかんです。また、この地域では、夏の強い日差しをさえぎるため、窓を小さくしたり、壁《かべ》を白く塗《ぬ》ったりする家も多く見られます。

温暖湿潤《おんだんしつじゅん》気候　地中海性《ちちゅうかいせい》気候　西岸海洋性《せいがんかいようせい》気候

(2) 乾燥帯に属する地域について、次の問いに答えなさい。

① モンゴルなどの乾燥した地域で見られる、草や水などをもとめて移動しながら家畜《かちく》を飼育することを何といいますか。〔　　　〕

② アフリカなどの乾燥した地域で見られる、わき水や井戸などで水が得られる場所を何といいますか。〔　　　〕

(3) 右の地図を見て、次の問いに答えなさい。

① 下の表中のX・Yにはラパスとマナオスのどちらかがあてはまります。ラパスにあてはまるのはどちらですか。〔　　〕

都市	年平均気温
X	8.6°C
Y	27.0°C

（理科年表）

② アンデス山脈の標高の高い地域で、主に飼育されている動物を［　　］から2つ選びなさい。〔　　　〕と〔　　　〕

リャマ　羊　牛　アルパカ　ぶた

＼ヒント／

1 (1) ヨーロッパ南部の海に面している地域の特徴について述べています。
(3)① 標高の高い地域は、同じ緯度《いど》にある標高の低い地域より気温が低くなります。

解答→P.109

何問できた？ 6問中　　問

世界のさまざまな宗教

月　　日

1 主な宗教の分布を表した地図を見て、次の問いに答えなさい。

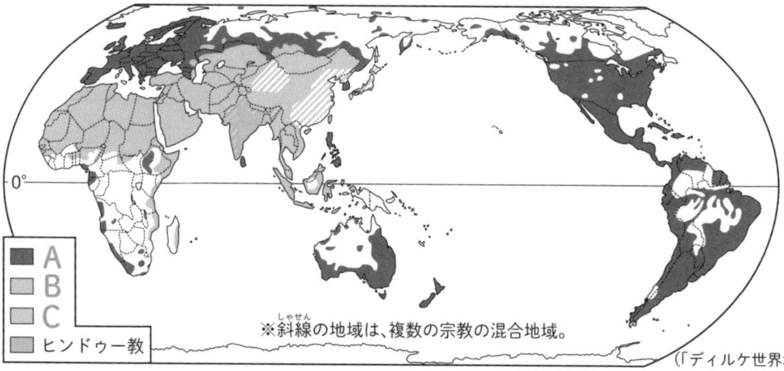

（「ディルケ世界地図」ほか）

(1)　地図中のA～Cにあてはまる宗教を、［　　］から１つずつ選びなさい。

A〔　　　　　〕　B〔　　　　　〕　C〔　　　　　〕

イスラム教　　仏教　　キリスト教

(2)　キリスト教、イスラム教、仏教と関連の深いものを、あとの**ア～ウ**から１つずつ選びなさい。

キリスト教〔　　〕　イスラム教〔　　〕　仏教〔　　〕

ア

イ

ウ

(3)　ヒンドゥー教について述べた文として正しいものを、次の**ア～ウ**から１つ選びなさい。〔　　〕

ア　一定期間断食《だんじき》を行ったり、豚肉《ぶたにく》を食べることを禁止したりするなどの決まりがある。

イ　牛を、神の使いである神聖な動物としてあつかっている。

ウ　開祖の誕生を祝うクリスマスという行事がある。

＼ヒント／

1 (1) キリスト教は、ヨーロッパや南北アメリカで多く信仰《しんこう》されています。
(2) タイでは、修行僧《そう》が家々を回ってほどこしをうける「托鉢《たくはつ》」が見られます。

何問できた？　7問中　　問

解答 ➔ P.109

人類のおこりと古代文明

月　日

1 人類が誕生したころの様子について、次の問いに答えなさい。

(1) 次のア～ウの人類を、出現した年代の古い順に並べなさい。
〔　→　→　〕

ア　新人《しんじん》(ホモ・サピエンス)　イ　猿人《えんじん》　ウ　原人《げんじん》

(2) 表中のA、Bにあてはまる語句を答えなさい。

A〔　〕石器
B〔　〕石器

時代	旧石器時代	新石器時代
生活の様子	狩りや採集中心の生活で、石を打ち欠いた A 石器が使われた。	農耕や牧畜が始まり、石の表面をみがいた B 石器を使い、調理などが行われた。

2 世界各地でおこった古代文明について、次の問いに答えなさい。

(1) 地図中のX～Zでおこった文明を答えなさい。

X〔　文明〕
Y〔　文明〕
Z〔　文明〕

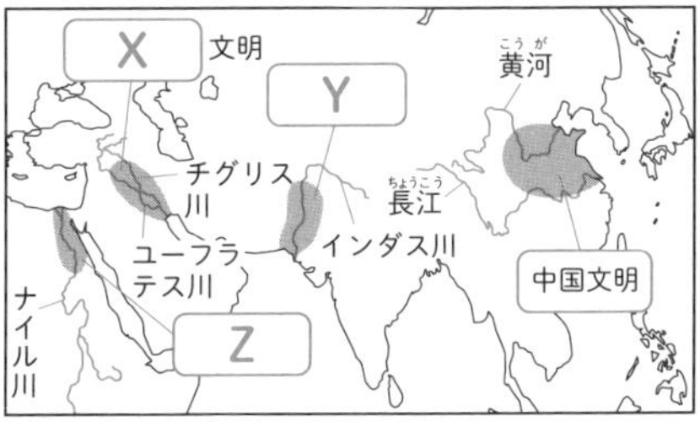

(2) 地図中のXの文明と関係の深いことがらを、次のア～ウから1つ選びなさい。
〔　〕

ア　太陽をもとにした暦《こよみ》がつくられ、象形《しょうけい》文字が使われた。
イ　水路や道路などが整備された都市モヘンジョ・ダロが築かれた。
ウ　月の満ち欠けをもとにした暦がつくられ、くさび形文字が使われた。

(3) 中国でつくられた、現在の漢字のもとになった文字を何といいますか。
〔　文字〕

\ヒント/

1 (1) 新人(ホモ・サピエンス)は、現在の人類の直接の祖先です。
2 (3) うらないの結果が、亀《かめ》の甲《こう》や牛の骨などにこの文字で刻まれました。

古代の世界と宗教のおこり

月　日

1 右の年表を見て、次の問いに答えなさい。

年代	主なできごと
前8世紀ごろ	ギリシャで、都市国家が生まれる。
前6世紀	A孔子《こうし》が教えを広める
前3世紀	B の始皇帝《しこうてい》が中国を統一する
前2世紀ごろ	C が東西の交流に利用される
前27年	D が成立する

(1)　下線部Aの人物が説いた教えは何ですか。

〔　　　　〕

(2)　Bにあてはまる中国の国(王朝)を、次のア～ウから1つ選びなさい。〔　　〕

ア　漢《かん》(前漢)　　イ　殷《いん》(商《しょう》)　　ウ　秦《しん》

(3)　Cにあてはまる、西方と中国を結んだ交易路を何といいますか。

〔　　　　〕

(4)　イタリア半島中部を中心に発展し、地中海一帯を支配したDにあてはまる帝国《ていこく》を答えなさい。〔　　　　帝国〕

2 三大宗教のおこりについて、次の問いに答えなさい。

(1)　地図中のXでおこった宗教と、その教えを説いた人物を答えなさい。

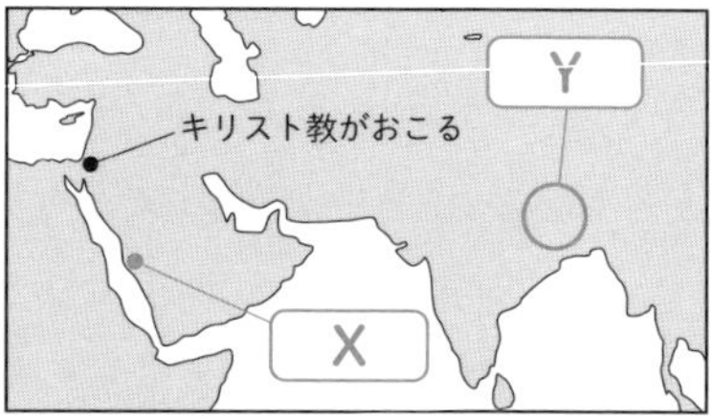

宗教〔　　　　教〕

人物〔　　　　〕

(2)　地図中のYでおこった宗教について述べた文を、次のア～ウから1つ選びなさい。〔　　〕

ア　修行を積み、さとりを開けばだれでも救われると説いている。

イ　聖書(新約聖書)を教典としている。

ウ　唯一《ゆいいつ》の神アラー(アッラー)の教えに従うことを説いている。

\ヒント/

1 (3) この交易路を通って、中国から西方へ絹織物が運ばれました。

2 (1) サウジアラビアのメッカで生まれた人物が開いた宗教です。

解答→P.110

何問できた?

7問中　　問

日本の原始時代

月　日

1 旧石器時代の日本の様子について、次の問いに答えなさい。

(1) 日本列島が誕生するまでのア～ウのできごとを、古い順に並べなさい。

〔　→　→　〕

ア　大型動物を狩《か》るために、大陸から日本にも人々が移住してきた。
イ　海面が上昇《じょうしょう》し、大陸から切《き》り離《はな》されたことで日本列島ができた。
ウ　ナウマンゾウなどの大型動物が、大陸から日本に移動してきた。

(2) 日本で初めて打製《だせい》石器が発見されたのは、岩宿遺跡《いわじゅくいせき》です。岩宿遺跡がある県を、次のア～ウから１つ選びなさい。

ア　青森県　　イ　群馬県　　ウ　沖縄県　〔　〕

打製石器

2 縄文《じょうもん》時代の日本の様子について、次の問いに答えなさい。

(1) 右の図のような土器や、表面に縄目《なわめ》の文様がついた土器を何とよびますか。〔　〕

(2) 当時の人々の集落の近くにできた、貝殻《かいがら》などのごみ捨て場のことを何といいますか。〔　〕

(3) 当時、土でつくられていた右のような人形を何といいますか。また、その人形がつくられた目的を、あとのア～ウから１つ選びなさい。　名称《めいしょう》〔　〕
記号〔　〕

ア　武器や工具として使うため。
イ　食物が豊かに実ることなどを祈《いの》るため。
ウ　商品として売ってお金を得るため。

＼ヒント／

1 (1) 日本は大陸と陸続きでしたが、氷期が終わると大陸から切り離され、ほぼ現在の形になりました。
2 (3) 当時は、自然界のあらゆる物に神が宿ると考えられていました。

何問できた？

6問中　　問

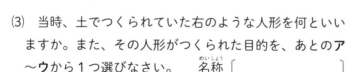

古代までの日本

弥生《やよい》時代

月　　日

1 次の(1)、(2)の文にあてはまる場所を、地図中のア～エから選びなさい。

(1)　弥生時代の大規模な環濠《かんごう》集落が発見された吉野ヶ里《よしのがり》遺跡《いせき》がある場所。　〔　　　〕

(2)　1世紀半ばごろに中国の皇《こう》帝《てい》から授かった、「漢委奴国王」と刻まれた金印が発見された場所。　〔　　　〕

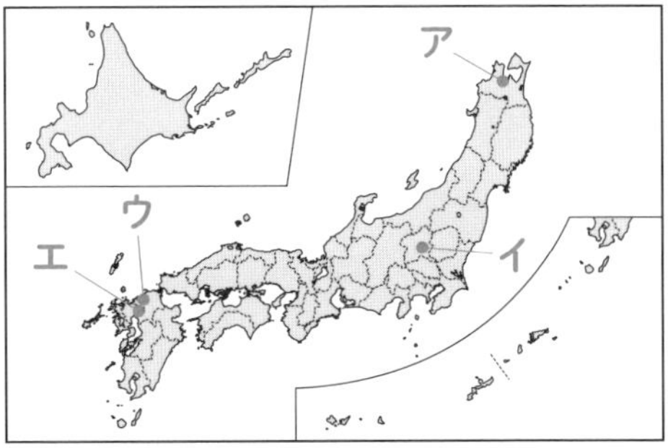

2 弥生時代の人々のくらしと邪馬台国《やまたいこく》について、次の問いに答えなさい。

(1)　稲作《いなさく》が広まったころの人々の生活の様子として正しくないものを、次のア～ウから1つ選びなさい。　〔　　　〕

ア　水田の近くに人々が集まって生活し、ムラをつくるようになった。

イ　人々はたて穴住居でくらし、収穫《しゅうかく》した稲《いね》は高床《たかゆか》倉庫に収められた。

ウ　青銅器《せいどうき》は農具として、鉄器は祭りの道具として使われていた。

(2)　右の資料は、邪馬台国について書かれた中国の歴史書の一部です。これを見て、次の問いに答えなさい。

> 邪馬台国は、もともと男性の王が治めていたが、争いが続くようになると、［　　　］を女王とした。・・・［　　　］は、まじないによって人々を従えていた。

①　資料中の［　　　］に共通してあてはまる人物の名前を答えなさい。　〔　　　　　　　〕

②　この資料が記された歴史書は、どの国について書かれたものですか。次の**ア～ウ**から1つ選びなさい。　〔　　　〕

ア　秦《しん》　**イ**　魏《ぎ》　**ウ**　漢《かん》

1 (1)は佐賀県、(2)は福岡県です。

2 (1) **ウ**の青銅は現在の十円玉に使われています。鉄はかたいので武器の素材にもなりました。

解答 → P.110

何問できた？

5問中　　　問

古墳《こふん》時代と国土の統一

月　　日

1 古墳時代について、次の問いに答えなさい。

(1)　3～6世紀、豪族《ごうぞく》を従えて大和《やまと》地方(奈良盆地《ぼんち》)に誕生した強大な政権(王権)を何といいますか。　〔　　　　　　　〕

(2)　右のような形の古墳を何といいますか。

〔　　　　　　　〕

(3)　右の地図は、(2)の古墳の分布を表したものです。
この地図から読み取れることを、あとの**ア**～**ウ**から1つ選びなさい。　〔　　　〕

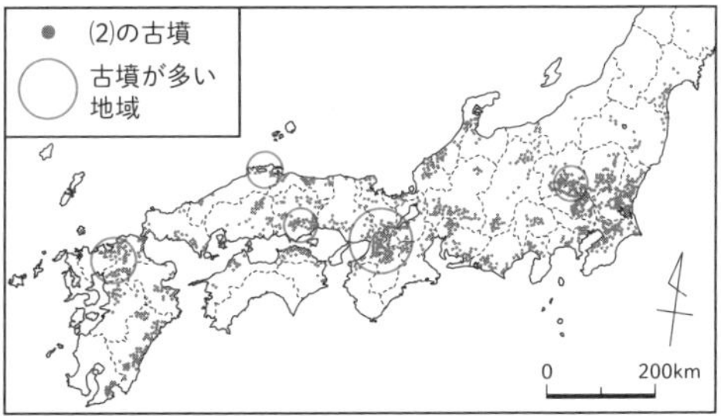

ア　(1)の王たちは、たびたび中国に使いを送っていた。
イ　(1)の勢力は、九州地方から東北地方南部までおよんでいた。
ウ　身分に関係なく、多くの人が古墳をつくるようになっていた。

(4)　古墳の表面に並べられていたものを、次の**ア**～**エ**から1つ選びなさい。　〔　　　〕

ア　埴輪《はにわ》

イ　銅鐸《どうたく》

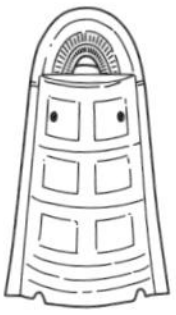

ウ　石包丁

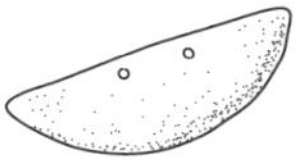

エ　金印

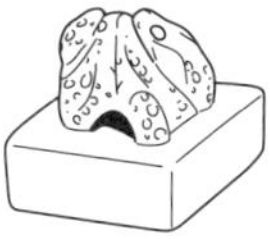

(5)　この当時、中国や朝鮮《ちょうせん》半島から日本に移住してきた人々を何とよびますか。　〔　　　　　　　〕

＼ヒント／

1 (3) 各地の豪族は、強大な政権の影響を受け、(2)の古墳をつくりました。
(5) 漢字、儒教《じゅきょう》や仏教、機織《はたお》り、須恵器《すえき》づくりなど、学問や技術を日本に伝えました。

解答 → P.110

何問できた？　5問中　　　問

大化《たいか》の改新への道のり

月　日

1 次の文を読んで、あとの問いに答えなさい。

X　6世紀末、推古《すいこ》天皇の摂政《せっしょう》となったA 聖徳太子《しょうとくたいし》(厩戸《うまやどの》皇子)は、蘇我氏《そがし》と協力して天皇を中心とする政治のしくみづくりを始めました。

Y　645年、中大兄《なかのおおえの》皇子が中臣鎌足《なかとみのかまたり》らとともに蘇我氏を倒《たお》し、全国の土地と人民を国家が直接支配する方針を示しました。

> 一、和をもって貴《たっと》しとなし、…。
> 二、あつく三宝《さんぽう》を敬え。三宝とは、仏・法(仏の教え)・僧《そう》なり。
> 三、詔《みことのり》を承《うけたまわ》りては必ずつつしめ。
> (部分要約)

(1) 右の資料は、下線部Aが役人たちに出した法です。この法を何といいますか。
〔　　　　　〕

(2) 下線部Aによって、隋《ずい》(中国)の進んだ政治や文化を取り入れるために派遣《はけん》された人物を、次のア～ウから1人選びなさい。〔　　　〕
ア 蘇我馬子《そがのうまこ》　**イ** 物部守屋《もののべのもりや》　**ウ** 小野妹子《おののいもこ》

(3) Xの時期に建築された、現存する世界最古の木造建築といわれる寺を答えなさい。〔　　　　　〕

(4) Yの政治改革をまとめて何といいますか。
〔　　　　　〕

7世紀の東アジア

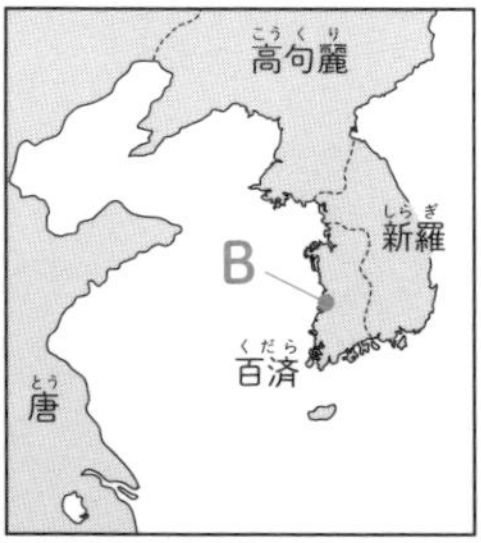

(5) 663年、右の地図中のBの場所で、日本軍は、唐《とう》と新羅《しらぎ》の連合軍に大敗しました。この戦いを何といいますか。〔　　　　　〕

ヒント
1 (1) 資料は、仏教の教えを守り、天皇をうやまうことを示しています。
(4) この時期に日本で初めて元号が使われたことから、この名称《めいしょう》となりました。

律令《りつりょう》国家の成立

月　日

1 右の年表を見て、次の問いに答えなさい。

時代	年代	主なできごと
飛鳥《あすか》時代	672年	A がおこる
	701年	B が制定される
奈良時代	710年	都を C に移す
	743年	D が出される

(1) 672年、天智《てんじ》天皇(中大兄《なかのおおえの》皇子)の死後、そのあとつぎをめぐって戦乱がおこりました。年表中のAにあてはまるこの乱を何といいますか。〔　　　〕

(2) 701年、律令国家のしくみを定めた律令が制定されました。年表中のBにあてはまるこの律令を何といいますか。〔　　　〕

(3) 710年、藤原京《ふじわらきょう》から都が移されました。年表中のCにあてはまる都を何といいますか。〔　　　〕

(4) 律令国家のもと、戸籍《こせき》に登録された6歳《さい》以上の人々には身分や性別に応じて農地が与《あた》えられました。この農地を何といいますか。〔　　　〕

(5) (4)の農地が不足したことで、新しく開墾《かいこん》した土地であればいつまでも自分のものにしてよいという法が出されました。表中のDにあてはまるこの法を、次のア～ウから1つ選びなさい。〔　　〕

ア　班田収授法《はんでんしゅうじゅのほう》　**イ**　三世一身法《さんぜいっしんのほう》　**ウ**　墾田永年私財法《こんでんえいねんしざいほう》

(6) 右の表のX～Zにあてはまる語句を、あとのア～ウから1つずつ選びなさい。

X〔　　〕Y〔　　〕Z〔　　〕

ア　防人《さきもり》　**イ**　租《そ》　**ウ**　調《ちょう》

農民の負担（一部）

X	稲《いね》(収穫量《しゅうかくりょう》の約3％)
Y	布や特産物など
庸《よう》	布(労役《ろうえき》の代わり)
Z	北九州の警備3年

＼ヒント／

1 (1) 天智天皇の弟である大海人《おおあまの》皇子が勝利して、天武《てんむ》天皇となりました。
(2) 律令国家とは、律(刑罰《けいばつ》の決まり)と令(政治の決まり)に基づいて国を治める国家のことです。

何問できた？

8問中　　問

国際的な文化の開化

月　日

1 奈良時代の文化について、次の問いに答えなさい。

　奈良時代には、遣唐使《けんとうし》たちによって中国からもたらされた国際色豊かな文化が栄えました。 A のころに最も栄えたこの文化は B と呼ばれ、 A の愛用品が収められた正倉院《しょうそういん》には、唐《とう》や朝鮮《ちょうせん》半島のものだけでなく、シルクロード(絹の道)を通ってインドや西アジアからもたらされた品々も見られます。

　また、 A と皇后《こうごう》は、伝染病や飢饉《ききん》などの災いから、仏教の力で国家を守り、不安を取り除《のぞ》こうと考え、都には C 、地方には国ごとに国分寺《こくぶんじ》と国分尼寺《こくぶんにじ》をつくったりもしました。

(1)　文中のAに共通してあてはまる天皇を答えなさい。

〔　　　　天皇〕

(2)　文中のBにあてはまる文化の名称《めいしょう》を答えなさい。

〔　　　　文化〕

(3)　文中のCにあてはまる寺を答えなさい。

〔　　　　〕

(4)　奈良時代に完成した、日本の成り立ちや神々の話などが収められた歴史書は、『日本書紀《にほんしょき》』と何ですか。

〔　　　　〕

(5)　奈良時代、右のような和歌が収められた和歌集が完成しました。次の問いに答えなさい。

> から衣《ころも》
> すそにとりつき
> 泣く子らを
> 置きてぞ来《き》ぬや
> 母《おも》なしにして

①　日本最古といわれるこの和歌集を何といいますか。

〔　　　　〕

②　この和歌集をまとめたとされる人物を、次のア～ウから１人選びなさい。

〔　　　　〕

ア　大伴家持《おおとものやかもち》　　**イ**　鑑真《がんじん》　　**ウ**　行基《ぎょうき》

＼ヒント／

1　(5)①　天皇、貴族、歌人、防人《さきもり》、農民たちが作った和歌が収められています。
②　鑑真は仏教の教えを伝えるために唐《とう》から来た僧《そう》です。

平安京《へいあんきょう》と摂関《せっかん》政治

月　日

★平安時代の主なできごと

年	781	794	797	806	866	884(887)	1016
主なできごと	桓武《かんむ》天皇が即位《そくい》	平安京に都が移る	坂上田村麻呂《さかのうえのたむらまろ》が征夷《せいい》大将軍《たいしょうぐん》となる	平城《へいぜい》天皇が即位	藤原良房《ふじわらのよしふさ》が摂政《せっしょう》になる	藤原基経《もとつね》が関白《かんぱく》になる	藤原道長《みちなが》が摂政になる

★皇室と藤原氏《ふじわらし》の系図(一部)

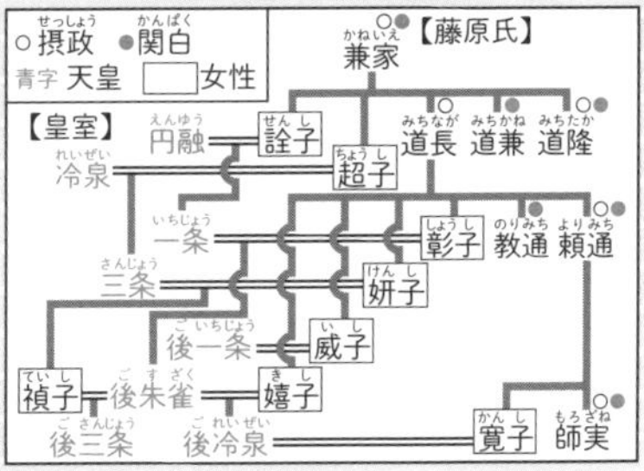

1 **平安時代のできごとについて、次の問いに答えなさい。**

やってみよう

(1)　桓武天皇が行ったことを、次の**ア**～**エ**から2つ選びなさい。

ア　長岡京《ながおかきょう》から平安京に都を移した。　〔　　〕と〔　　〕

イ　日本で初めて全国的な戸籍《こせき》をつくった。

ウ　東北の蝦夷《えみし》を倒《たお》すために坂上田村麻呂を派遣《はけん》した。

エ　日本で初めての本格的な都である藤原京をつくった。

(2)　右の年表を参考にして、894年に菅原道真《すがわらのみちざね》が朝廷《ちょうてい》に提言した内容を、次の**ア**～**ウ**から1つ選びなさい。　〔　　〕

ア　遣唐使《けんとうし》の派遣　　**イ**　遣唐使の停止

ウ　朝鮮《ちょうせん》半島への出兵

年代	主なできごと
875年	唐《とう》で反乱がおこる
894年	菅原道真が朝廷に提言する
907年	唐がほろびる
960年	宋《そう》(北宋)がおこる

(3)　藤原氏が摂政や関白の地位に就《つ》けた理由を、下の文に続けて簡単に答えなさい。

〔娘《むすめ》が天皇の后《きさき》となり、生まれた子が　　〕

＼ヒント／

1 (2) 年表から、国内での反乱以後、唐は勢力が衰《おとろ》えて滅亡《めつぼう》したことが読み取れます。

(3) 摂政は幼い天皇に代わって政治を行う役職、関白は成人した天皇を補佐する役職です。上の皇室と藤原氏の系図で、詮子、超子、彰子、嬉子、禎子の子どもの地位に着目しましょう。

何問できた?　4問中　　問

解答→P.111

文化の国風化

月　日

★平安《へいあん》時代の主なできごと・文学作品・建築物

年	794	894	1053
主なできごと	平安京《へいあんきょう》に都が移る	遣唐使《けんとうし》の停止	平等院鳳凰堂《びょうどういんほうおうどう》が完成

←X→（894〜1053）

作者	文学作品
紫式部《むらさきしきぶ》	『源氏《げんじ》物語』
清少納言《せいしょうなごん》	『枕草子《まくらのそうし》』
（不明）	『竹取《たけとり》物語』

漢字から仮名文字への変化

漢字 → ひらがな　漢字 → カタカナ

建築物
平等院鳳凰堂
中尊寺金色堂《ちゅうそんじこんじきどう》

↑
浄土教《じょうどきょう》の建築物。阿弥陀如来《あみだにょらい》を本尊《ほんぞん》とする阿弥陀堂《あみだどう》。

1 平安時代の文化について、次の問いに答えなさい。

(1) 年表中のXの時期の文化の特徴《とくちょう》を、次の**ア**～**ウ**から１つ選びなさい。　〔　　〕

ア　日本の風土や生活、感情に合った日本独自の文化。

イ　大陸からの影響《えいきょう》を大きく受けた国際的な文化。

ウ　日本で初めて仏教を中心に栄えた文化。

(2) (1)の文化を何といいますか。［　　］から選びなさい。　〔　　〕

飛鳥《あすか》文化　天平《てんぴょう》文化　国風《こくふう》文化

(3) 上の年表中のXの時期には、仮名文字を使った作品も生まれました。仮名文字で書かれた作品を、次の**ア**～**エ**から<u>すべて</u>選びなさい。　〔　　〕

ア　万葉集《まんようしゅう》　**イ**　枕草子　**ウ**　風土記《ふどき》　**エ**　源氏物語

(4) 平等院鳳凰堂がつくられた目的を、次の**ア**～**ウ**から１つ選びなさい。　〔　　〕

ア　貴族が生活する場所として権力の大きさを見せるため。

イ　大陸から伝わった正しい仏教の教えを各地に広めるため。

ウ　死後に極楽浄土に生まれ変わることを願うため。

1 (1) Xの時期には、外国との交流が途絶《とだ》えていたことに着目しましょう。
(4) 鳳凰堂の中に、極楽浄土の仏である阿弥陀如来を安置しました。

解答→P.111

何問できた?　4問中　　問

生物の特《とく》徴《ちょう》と分類のしかた

月　日

1 ルーペを使い、タンポポの花を観察しました。次の問いに答えなさい。

(1)　ルーペの持ち方として正しいのは、次の**ア**、**イ**のどちらですか。

〔　　〕

ア　できるだけ目に近づけて持つ。

イ　できるだけ目から遠ざけて持つ。

(2)　観察の結果、タンポポの花はたくさんの小さい花が集まってできていることがわかりました。タンポポの小さい花のスケッチとして正しいのは、右のA、Bのどちらですか。

〔　　〕

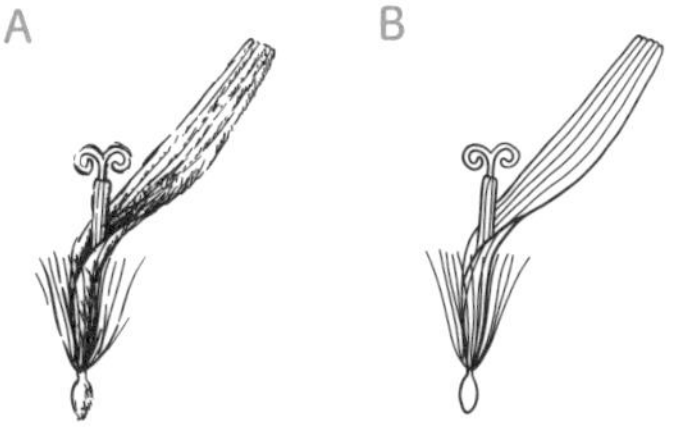

(3)　ルーペで太陽を見てはいけないのはなぜですか。

〔　　〕

2 顕《けん》微《び》鏡《きょう》の使い方について、次の問いに答えなさい。

(1)　図のA、Bのレンズを何といいますか。

A〔　　〕

B〔　　〕

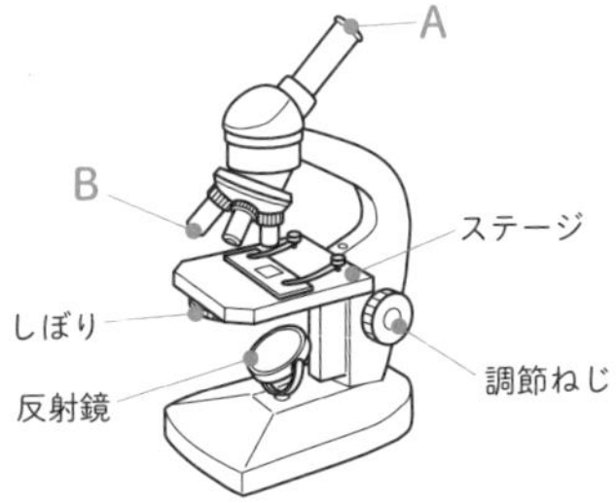

(2)　次の**ア**～**エ**を、顕微鏡で観察するときの正しい操作の順番に並べかえなさい。

〔　　〕

ア　調節ねじを回し、Bのレンズとプレパラートを少しずつ遠ざける。

イ　調節ねじを回し、Bのレンズとプレパラートをできるだけ近づける。

ウ　反射鏡としぼりを調節し、視野を明るくする。

エ　プレパラートをステージにのせる。

(3)　Aのレンズが10倍、Bのレンズが40倍のとき、顕微鏡の倍率は何倍ですか。

〔　　〕

＼ヒント／

1 (3) ルーペには、光を集めるはたらきがあります。

2 (2) ピントを合わせるときは、Bのレンズとプレパラートがぶつからないように気をつけます。

解答 ➔ P.112

花のつくりとはたらき

月　　日

1 次の図は、アブラナの花を分解し、台紙にはりつけたものです。あとの問いに答えなさい。

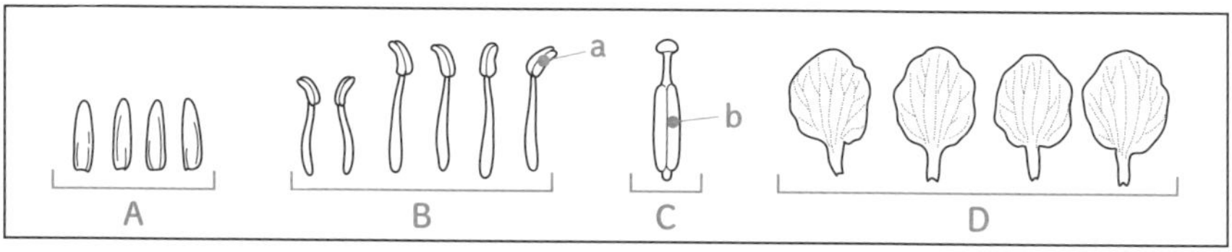

(1)　A～Dの部分を何といいますか。

A〔　　　　　　　　〕
B〔　　　　　　　　〕
C〔　　　　　　　　〕
D〔　　　　　　　　〕

(2)　A～Dを、花の外側にあるものから順に並べなさい。

〔　　　　　　　　　　　　〕

(3)　Bの先端《せんたん》にある小さな袋《ふくろ》aを何といいますか。〔　　　　　　　　〕

(4)　aの中には、何が入っていますか。〔　　　　　　　　〕

(5)　Cのもとのふくらんだ部分bを何といいますか。〔　　　　　　　　〕

(6)　bの中には、小さな粒《つぶ》がたくさん入っています。

①　これらの粒を何といいますか。〔　　　　　　　　〕

②　アブラナのように、①がbの中にある植物を何といいますか。

〔　　　　　　　　〕

＼ヒント／

1 (1)(2) ふつう、めしべは花の真ん中に１本あります。
(3)(4) aの中には、粉のようなものが入っています。

解答 → P.112

何問できた？　10問中　　問

いろいろな生物とその共通点

果実や種子のでき方

月　　日

1 図１はサクラの果実、図２はサクラの花の断面のようすを模式的に表したものです。次の問いに答えなさい。

図１

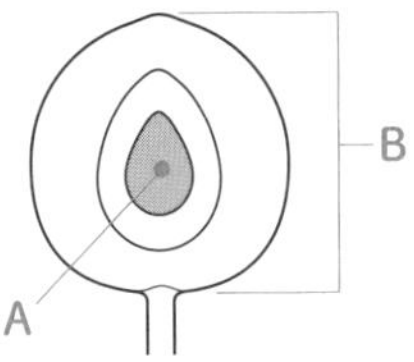

図２

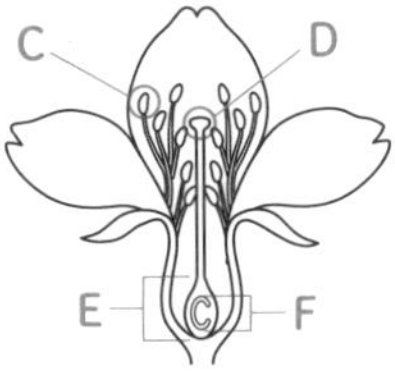

(1)　図１のA、Bを何といいますか。　A〔　　〕　B〔　　〕

(2)　果実は、花粉が図２のC～Fのどの部分につくことによってできますか。記号とその名称《めいしょう》を答えなさい。　記号〔　　〕　名称〔　　〕

(3)　花粉が(2)の部分につくことを何といいますか。〔　　〕

(4)　果実は、図２のC～Fのどの部分が変化してできますか。記号とその名称を答えなさい。　記号〔　　〕　名称〔　　〕

(5)　種子は、図２のC～Fのどの部分が変化してできますか。記号とその名称を答えなさい。　記号〔　　〕　名称〔　　〕

(6)　アブラナでは、１つの果実に複数の種子ができます。この理由を説明した次の文の〔　　〕に適切な言葉を書きなさい。

○アブラナの花には、複数の〔　　　　〕があるから。

＼ヒント／

1 Cには花粉が入っています。またDには、ねばりけがあります。

解答 → P.112

何問できた？　10問中　　問

マツのなかまの花と種子

月　日

1 図1はマツの枝、図2はマツの雄花《おばな》・雌花《めばな》とそれぞれのりん片《へん》を表したものです。あとの問いに答えなさい。

図1

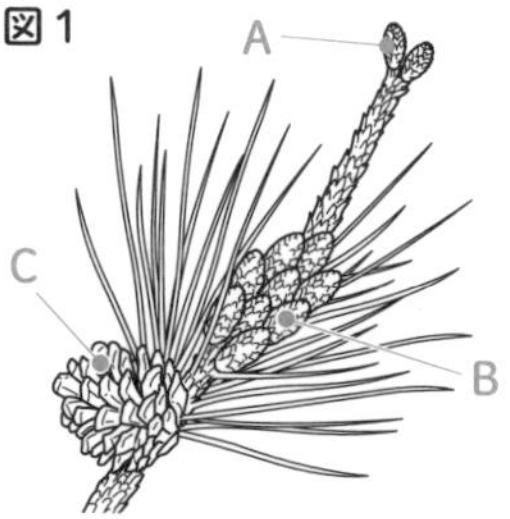

図2

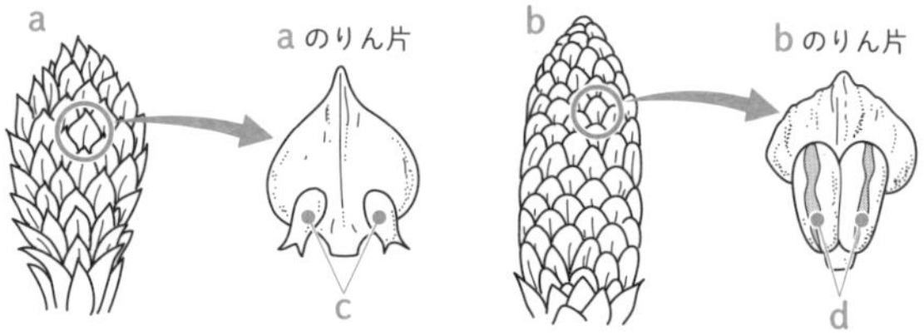

(1) 雄花は、**図1**のA～Cのどれですか。また、**図2**のa、bのどちらですか。　**図1**〔　　〕 **図2**〔　　〕

(2) **図2**のc、dを何といいますか。

c〔　　　　〕 d〔　　　　〕

(3) 受粉すると種子になるのは、**図2**のc、dのどちらですか。

〔　　〕

(4) マツのように、(3)がむき出しになっている植物を何といいますか。

〔　　　　〕

(5) (4)のなかまを、次の**ア**～**エ**から2つ選びなさい。

〔　　〕〔　　〕

ア アブラナ　**イ** イチョウ　**ウ** サクラ　**エ** スギ

(6) (4)のなかまには、果実ができません。これは、(4)のなかまの花には何がないからですか。　〔　　　　〕

(7) マツやアブラナ、イチョウ、サクラ、スギなどは、種子をつくってなかまをふやします。このような植物を何といいますか。

〔　　　　〕

ヒント

1 (4) アサガオやツツジなどは、被子植物《ひししょくぶつ》とよばれます。
(6) 被子植物では、子房《しぼう》が果実になり、胚珠《はいしゅ》が種子になります。

理科 4

何問できた？ 10問中　　問

単子葉類と双《そう》子《し》葉《よう》類《るい》

月　　日

1 図１は被《ひ》子《し》植《しょく》物《ぶつ》の根のつくり、図２は被子植物の葉のようすを表したものです。あとの問いに答えなさい。

図１

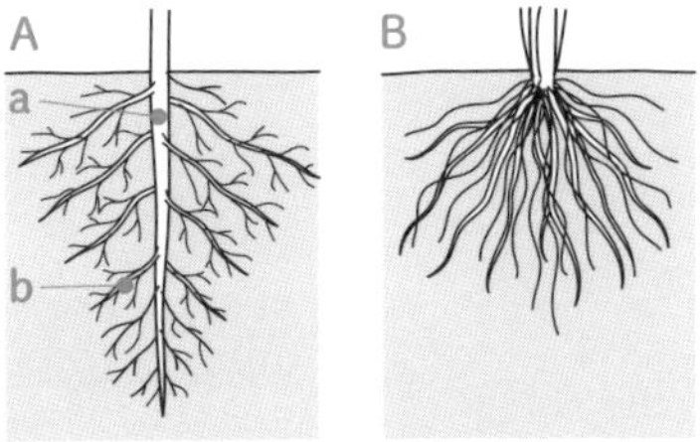

図２

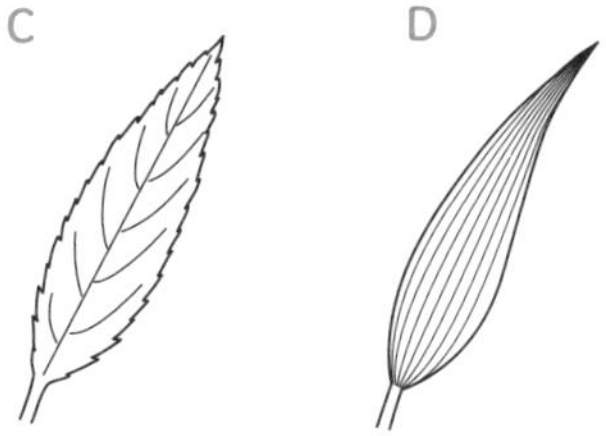

(1)　**図１**のAのa、bのような根を何といいますか。

a〔　　　　　　〕 b〔　　　　　　〕

(2)　**図１**のBのような根を何といいますか。　〔　　　　　　〕

(3)　根の先端《せんたん》付近には、小さな毛のようなものがたくさん生えています。この小さな毛のようなものを何といいますか。　〔　　　　　　〕

(4)　**図２**のC、Dに見られる、すじのようなつくりを何といいますか。

〔　　　　　　〕

(5)　被子植物のうち、子葉が１枚のものを何といいますか。

〔　　　　　　〕

(6)　(5)の植物の根のようすは、**図１**のA、Bのどちらですか。また、葉のようすは、**図２**のC、Dのどちらですか。

根〔　　　〕 葉〔　　　〕

(7)　被子植物のうち、子葉が２枚のものを何といいますか。

〔　　　　　　〕

(8)　(7)にあてはまる植物を、次の**ア**～**エ**からすべて選びなさい。

〔　　　　　　〕

ア　アブラナ　　**イ**　イネ　　**ウ**　タンポポ　　**エ**　ツユクサ

ヒント

1 (3) 根の先端に小さな毛のようなものがたくさん生えていることで、根の表面積が非常に大きくなり、根が効率よく水を吸い上げることができます。

何問できた？　10問中　　問

解答 ➜ P.113

いろいろな生物とその共通点

種子をつくらない植物

月　　日

1 **図1は、イヌワラビの体のつくりを表しています。図2のEは、イヌワラビの葉の裏側にたくさん見られたつくりで、中には粉のようなものFが入っていました。次の問いに答えなさい。**

図1

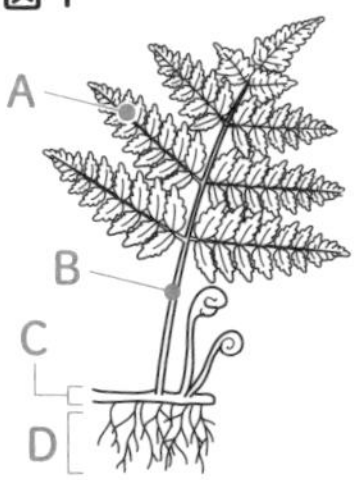

図2

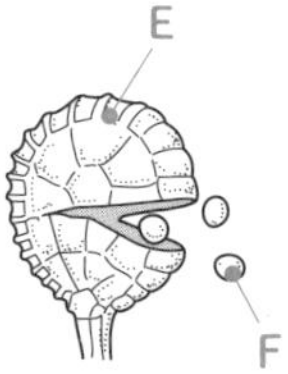

(1) **図1**で、イヌワラビの体はどのように分けられますか。右の**ア〜ウ**から選びなさい。〔　　〕

	葉	茎《くき》	根
ア	A	B	C・D
イ	A	B・C	D
ウ	A・B	C	D

(2) Eのつくりを何といいますか。〔　　　　〕

(3) 粉のようなものFは何ですか。〔　　　　〕

(4) イヌワラビやスギナ、ゼンマイなどの植物をまとめて、何といいますか。〔　　　　〕

2 **図は、スギゴケの体のつくりを表しています。次の問いに答えなさい。**

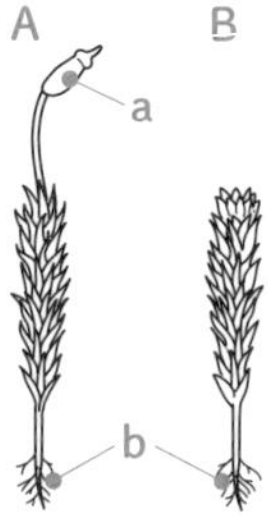

(1) Aのa、bの部分を何といいますか。

a〔　　　　〕 b〔　　　　〕

(2) 雄株《おかぶ》は、A、Bのどちらですか。〔　　〕

(3) スギゴケには、根・茎・葉の区別がありますか。〔　　　　〕

(4) スギゴケやゼニゴケなどの植物をまとめて、何といいますか。〔　　　　〕

\ヒント/

1 (1) イヌワラビの茎は、地下にあります。
2 (1) aには胞子《ほうし》が入っています。また、bは体を地面に固定するはたらきをします。

解答 ➔ P.113

何問できた？

9問中　　問

植物の分類

月　日

1 **図は、10種類の植物をいろいろな観点で分類していったものです。あとの問いに答えなさい。**

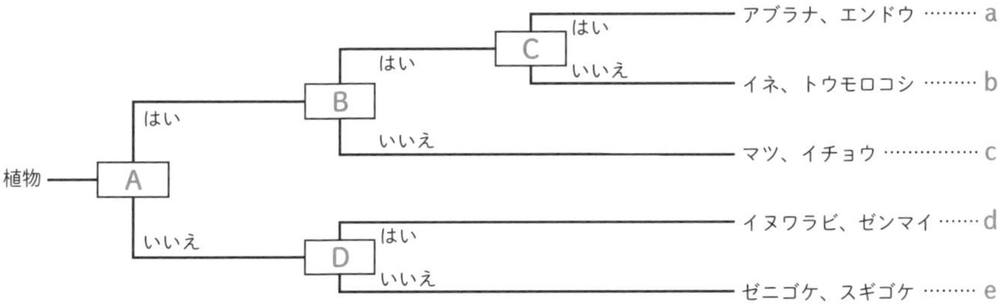

(1)　A～Dにあてはまる分類の観点を、次の**ア**～**エ**から選びなさい。

A〔　　〕 B〔　　〕 C〔　　〕 D〔　　〕

ア　根・茎《くき》・葉の区別がある。

イ　子葉が２枚である。

ウ　種子をつくる。

エ　胚珠《はいしゅ》が子房《しぼう》の中にある。

(2)　aのなかまの特徴《とくちょう》を、次の**ア**～**エ**から２つ選びなさい。

〔　　〕〔　　〕

ア　葉脈が網《あみ》目《め》状《じょう》である。

イ　葉脈が平行である。

ウ　根がひげ根《ね》からなる。

エ　根が主根と側根からなる。

(3)　cのなかまの植物を何といいますか。　〔　　　　〕

(4)　dやeのなかまは、何をつくってなかまをふやしますか。

〔　　　　〕

(5)　ソテツとツツジは、図のa～eのどれに分類されますか。

ソテツ〔　　〕 ツツジ〔　　〕

＼ヒント／

1 (1) Aは、アブラナ、エンドウ、イネ、トウモロコシ、マツ、イチョウがもっていて、イヌワラビ、ゼンマイ、ゼニゴケ、スギゴケがもっていない特徴で分類しています。

何問できた？　10問中　　問

いろいろな生物とその共通点

セキツイ動物の特《とく》徴《ちょう》と分類

月　日

1 図は、背骨をもつ10種類の動物を、５つのグループに分類したものです。あとの問いに答えなさい。

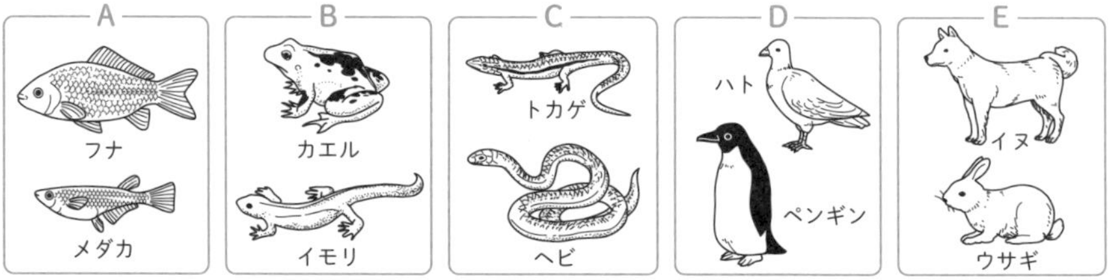

⑴　背骨をもつ動物を何といいますか。　〔　　　　　　〕

⑵　B、Cのグループを何といいますか。

B〔　　　　　　〕　C〔　　　　　　〕

⑶　子のうちはえらや皮《ひ》膚《ふ》で呼吸し、親になると肺や皮膚で呼吸をするようになるグループを、A～Eからすべて選びなさい。

〔　　　　　　〕

⑷　陸上に殻《から》のある卵《らん》を産むグループを、A～Eからすべて選びなさい。

〔　　　　　　〕

⑸　子が母親の子宮内である程度成長してから生まれるなかまのふやし方を何といいますか。　〔　　　　　　〕

⑹　⑸のようななかまのふやし方をするグループを、A～Eからすべて選びなさい。　〔　　　　　　〕

＼ヒント／

1 Bのグループの動物は、子のうちは水中で生活しますが、親になると水辺(陸上)で生活するようになります。

解答 ➔ P.113

何問できた？　7問中　　問

無セキツイ動物の特徴《とくちょう》と分類

月　　日

1 図は、背骨をもたない６種類の動物を、２つのグループに分類したものです。あとの問いに答えなさい。

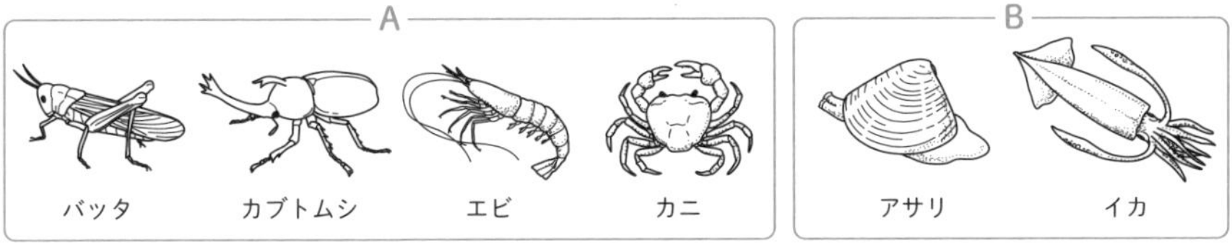

(1)　背骨をもたない動物を何といいますか。　〔　　　　〕

(2)　Aのグループの動物は、体の外側が節のある殻《から》でおおわれています。

①　この殻を何といいますか。　〔　　　　〕

②　Aのグループを何といいますか。　〔　　　　〕

(3)　Aのグループの動物は、さらに、①バッタ・カブトムシのなかまと、②エビ・カニのなかまに分けられます。それぞれのなかまを何といいますか。

①〔　　　　〕

②〔　　　　〕

(4)　Bのグループの動物は、内臓が筋肉の膜《まく》でおおわれています。

①　この膜を何といいますか。　〔　　　　〕

②　Bのグループを何といいますか。　〔　　　　〕

(5)　A、Bのグループにあてはまる動物を、次の**ア**～**エ**から選びなさい。

A〔　　〕　B〔　　〕

ア　ウニ　　**イ**　チョウ　　**ウ**　タコ　　**エ**　ミミズ

＼ヒント／

1 (2) Aのグループの動物は、体をおおう殻で体内を守ったり、体を支えたりしています。
(3) バッタやカブトムシの体は、頭・胸・腹に分かれていて、胸に６本のあしがついています。

動物の分類

月　日

1 図は、８種類の動物をいろいろな観点で分類していったものです。あとの問いに答えなさい。

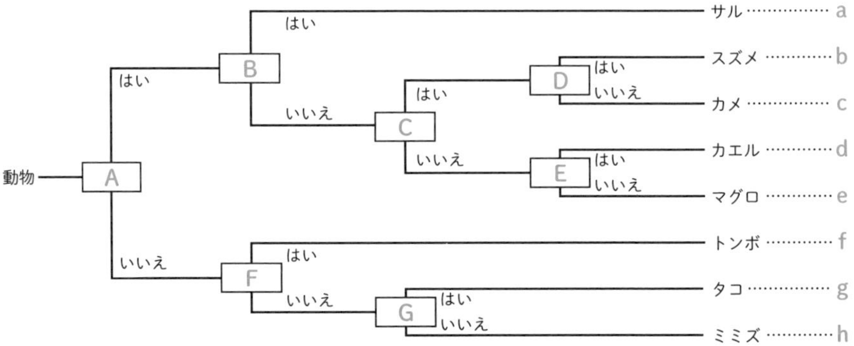

⑴　Bは「胎生《たいせい》である。」、Dは「体が羽毛《うもう》でおおわれている。」、Eは「成長すると呼吸のしかたが変わる。」である。A、C、F、Gにあてはまる分類の観点を、次の**ア**～**オ**から選びなさい。

A〔　　　〕 C〔　　　〕 F〔　　　〕 G〔　　　〕

ア　外骨格をもつ。　**イ**　陸上に殻《から》のついた卵《らん》を産む。
ウ　うろこがある。　**エ**　内臓が外《がい》とう膜《まく》でおおわれている。
オ　背骨がある。

⑵　a、gのグループを何といいますか。

a〔　　　　　〕 g〔　　　　　〕

⑶　b～hのグループの動物は、卵を産んでなかまをふやします。このようななかまのふやし方を何といいますか。〔　　　　　〕

⑷　dのグループの動物の呼吸のしかたは、成長するとどのように変わりますか。次の文の〔　　〕に適切な言葉を書きなさい。

○子のときは〔　　　　　〕や皮膚《ひふ》で呼吸するが、親になると〔　　　　　〕や皮膚で呼吸するようになる。

＼ヒント／

1 ⑷ dのグループの動物は、成長すると生活場所が水中から陸上に変わります。

実験器具の使い方

月　　日

1 **図のガスバーナーを使って、試験管に入れた液体を加熱します。次の問いに答えなさい。**

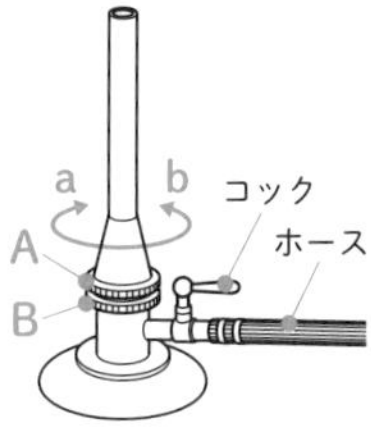

(1)　A、Bのねじを何といいますか。

A〔　　　　　　　　〕
B〔　　　　　　　　〕

(2)　A、Bのねじを開くとき、ねじをa、bのどちら向きに回せばよいですか。　〔　　　〕

(3)　次の**ア**～**オ**を、ガスバーナーを点火するときの正しい操作の順番に並べかえなさい。　〔　　　　　　　　　　〕

ア　Aのねじを回し、青色の炎《ほのお》にする。　**イ**　Bのねじを開く。
ウ　元《もと》栓《せん》を開いた後、コックを開く。　**エ**　マッチに火をつける。
オ　Bのねじを回し、炎を10cmくらいの大きさにする。

(4)　液体を加熱するとき、沸《ふっ》騰《とう》石《せき》を入れてから加熱するのはなぜですか。
〔　　　　　　　　　　　　　　　　　　　　〕

2 **メスシリンダーを使って、水20.0cm^{3}をはかりとります。次の問いに答えなさい。**

(1)　メスシリンダーは、どのようなところに置いて使いますか。
〔　　　　　　　　〕

(2)　水20.0cm^{3}を正しくはかりとれているのは、次の**ア**～**ウ**のどれですか。　〔　　　〕

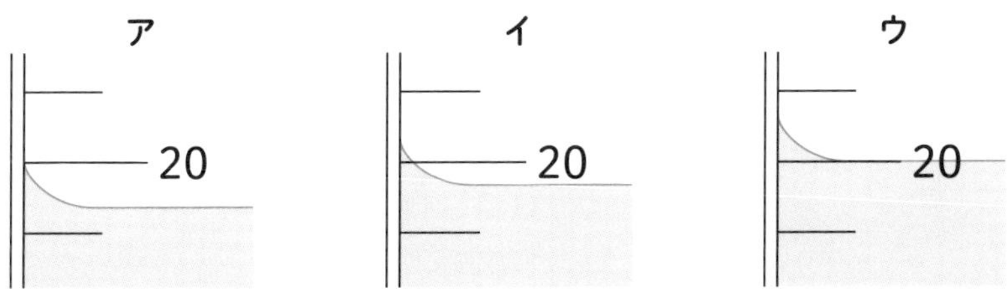

＼ヒント／
1 (2) 一般《いっぱん》に、ねじは右回り(時計回り)に回すとしまります。
2 (2) メスシリンダーの目盛りは、液面の平らなところを真横から読みとります。

何問できた？　7問中　　問

理科 12

身のまわりの物質

有機物と無機物

月　日

1 A、B、Cは、かたくり粉、砂糖、食塩のいずれかの物質です。A～Cの物質について、次の実験を行いました。あとの問いに答えなさい。

〔実験1〕 **図1**のようにして、A～Cを加熱した。AとBは火がついて燃えたので、**図2**のように、石灰水《せっかいすい》が入った集気びんに入れて燃やした。その後、ふたをして集気びんをよく振《ふ》ると、どちらのびんでも<u>石灰水が変化した</u>。

図1

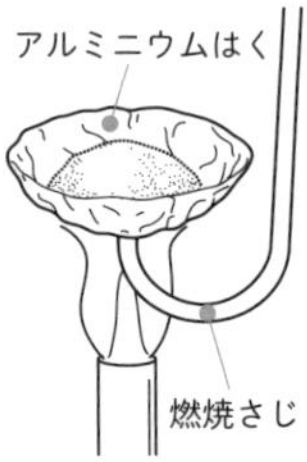

図2

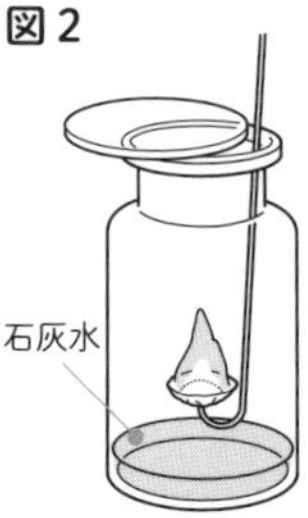

〔実験2〕 A、Bを水の中に入れてよくかき混ぜると、Aは水にとけたが、Bはとけなかった。

⑴ 下線部について、石灰水はどのように変化しましたか。

〔　　　〕

⑵ ⑴から、A、Bが燃えると、何という気体が発生したことがわかりますか。

〔　　　〕

⑶ 〔実験1〕、〔実験2〕から、A、Cはかたくり粉、砂糖、食塩のどれだとわかりますか。

A〔　　　〕 C〔　　　〕

⑷ AやBのように、燃えると⑵の気体が発生する物質を何といいますか。

〔　　　〕

⑸ ⑷以外の物質を何といいますか。 〔　　　〕

⑹ ⑸にあてはまる物質を、次の**ア**～**エ**からすべて選びなさい。

〔　　　〕

ア ガラス　　**イ** 木　　**ウ** 鉄　　**エ** ろう

＼ヒント／

1 ⑴～⑷ 炭素をふくむ物質が燃えると、気体と水が発生します。

理科 12

金属と非金属

月　　日

1 **右のA～Dを使い、次の実験を行いました。あとの問いに答えなさい。**

A　アルミニウムはく	B　木の割りばし
C　ガラスのコップ	D　鉄のくぎ

〔実験1〕 図のようにして、A～Dが電気を通すかどうかを調べた。

〔実験2〕 A～Dの一部分を高温の湯につけ、残りの部分がすぐにあたたまるか調べた。

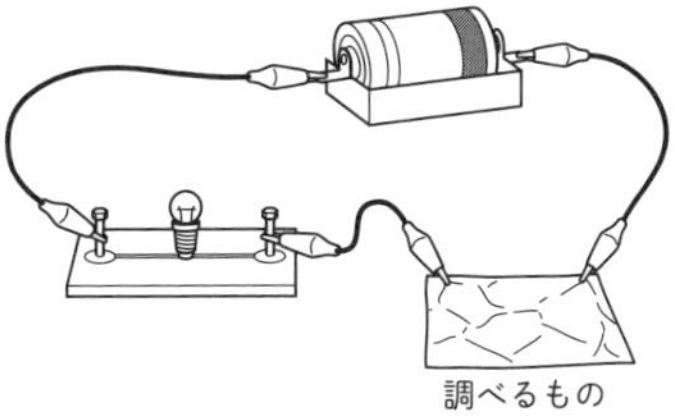

(1) 〔実験1〕で、電気を通したものを、A～Dからすべて選びなさい。

〔　　　　　　〕

(2) 〔実験2〕で、残りの部分がすぐにあたたまったものを、A～Dからすべて選びなさい。

〔　　　　　　〕

(3) 金属でできているものを、A～Dからすべて選びなさい。

〔　　　　　　〕

(4) 金属に共通の性質には○、共通ではない性質には×を書きなさい。

① たたくとうすく広がる。 〔　　〕
② 引っ張ると細くのびる。 〔　　〕
③ 磁石に引きつけられる。 〔　　〕
④ みがくと特有の光沢《こうたく》が現れる。 〔　　〕

(5) 金属以外の物質を何といいますか。 〔　　　　　　〕

＼ヒント／

1 (4) 鉄は磁石に引きつけられますが、アルミニウムや銅は磁石に引きつけられません。

解答➔P.115

何問できた？ 8問中　　問

身のまわりの物質

密度

月　日

1

1種類の金属でできたある物体Xの質量をはかったところ84.1gでした。次に、水を50.0cm^{3}入れたメスシリンダーに物体Xを沈《しず》めたところ、水面は図のようになりました。次の問いに答えなさい。

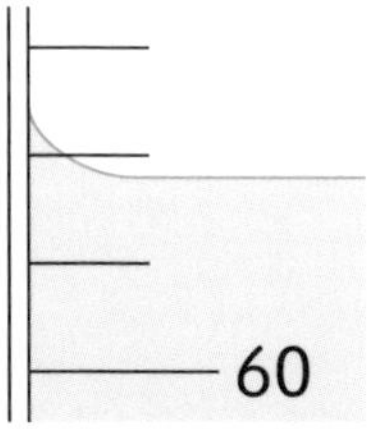

(1)　Xの体積は何cm^{3}ですか。次の**ア**～**エ**から選びなさい。〔　　〕

ア　11.0cm^3　　**イ**　11.8cm^3

ウ　12.0cm^3　　**エ**　61.8cm^3

(2)　Xをつくる金属の密度は何g/cm^{3}ですか。小数第3位を四捨五入して、小数第2位まで求めなさい。〔　　〕

(3)　表は、いろいろな金属の密度を表しています。(2)から、Xはどの金属でできていると考えられますか。〔　　〕

金属	密度〔g/cm^3〕
アルミニウム	2.70
亜鉛《あえん》	7.13
鉄	7.87
銅	8.96

(4)　物体Xを液体の水銀(密度13.55g/cm^3)に入れると、浮《う》きますか、沈みますか。〔　　〕

2

次の問いに答えなさい。

(1)　密度が2.5g/cm^{3}の物質20cm^{3}の質量は何gですか。〔　　〕

(2)　密度が4.0g/cm^{3}の物質30gの体積は何cm^{3}ですか。〔　　〕

\ヒント/

1 (1) メスシリンダーの目盛りは、液面の平らなところを、最小目盛りの $\frac{1}{10}$ まで読みとります。

(2) 密度〔g/cm^3〕= 質量〔g〕÷ 体積〔cm^3〕　で求めます。

(4) 固体の密度が液体の密度より大きければ沈み、小さければ浮きます。

解答 → P.115

何問できた？　6問中　　問

気体の集め方

月　日

1 図は、気体の集め方をまとめたものです。あとの問いに答えなさい。

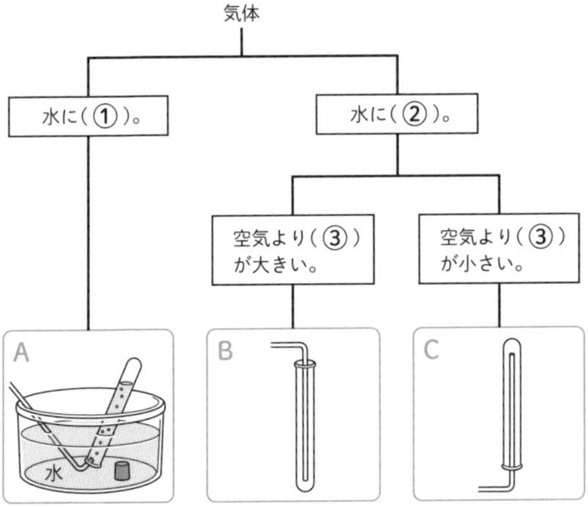

⑴　A～Cの気体の集め方を何といいますか。

A〔　　　　　　　〕

B〔　　　　　　　〕

C〔　　　　　　　〕

⑵　図中の①～③にあてはまる言葉を答えなさい。

①〔　　　　　　　〕

②〔　　　　　　　〕

③〔　　　　　　　〕

⑶　塩素は水にとけやすく、空気より密度が大きい気体です。塩素の集め方として最も適切なのは、A～Cのどれですか。〔　　　〕

＼ヒント／

1 (1) Aは気体を水と置きかえて集める集め方、BとCは気体を空気と置きかえて集める集め方です。
(2)(3) 水にとけやすい気体は、Aの集め方だと、水槽《すいそう》内の水にとけてしまいます。

何問できた？　7問中　　問

気体の発生方法①

月　日

1 **図のように、試験管に二酸化マンガンとうすい過酸化水素水を入れて気体を発生させ、集めました。次の問いに答えなさい。**

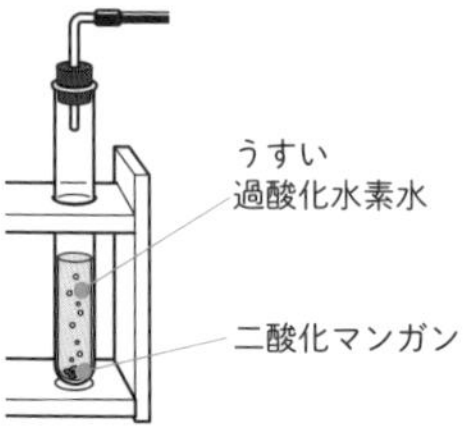

(1) 発生した気体は何ですか。 〔　　　　　　〕

(2) (1)の気体の集め方として適切なものを、次の**ア**～**ウ**から選びなさい。

ア 上方置《ち》換《かん》法《ほう》　**イ** 下方置換法　**ウ** 水上置換法 〔　　〕

(3) 発生した気体が(1)であることは、どのような実験で確かめることができますか。次の**ア**～**ウ**から選びなさい。 〔　　〕

ア 気体を集めた容器に、火がついた線《せん》香《こう》を入れる。

イ 気体を集めた容器の口に、火がついたマッチを近づける。

ウ 気体を集めた容器の口に、水でぬらした赤色リトマス紙を近づける。

2 **図のような装置を使って二酸化炭素を発生させ、集めました。次の問いに答えなさい。**

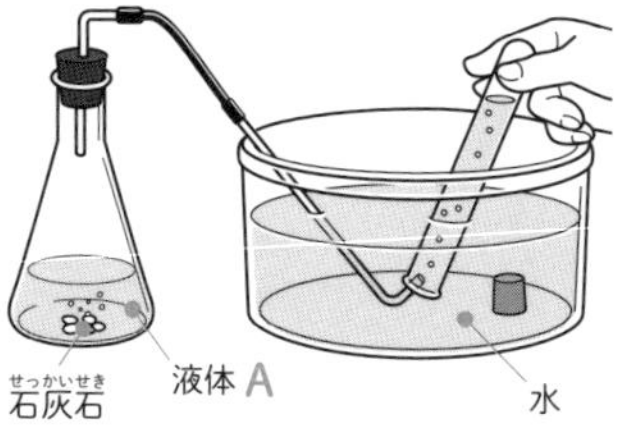

(1) 発生した気体を集めるとき、しばらくしてから集め始めるのはなぜですか。次の文の〔　〕に適切な言葉を書きなさい。

○はじめに出てくる気体には、実験装置内の〔　　　　　　〕が混ざっているから。

(2) 液体Aは何ですか。 〔　　　　　　〕

(3) 二酸化炭素を集めた試験管に石《せっ》灰《かい》水《すい》を入れてよく振《ふ》ると、石灰水はどうなりますか。 〔　　　　　　〕

＼ヒント／

1 (3) 発生した気体には、ものを燃やす性質があります。

2 (3) 石灰水は、二酸化炭素の確認《かくにん》に使われます。

解答➔P.115

何問できた？ 6問中　　問

気体の発生方法②

月　日

1 **図のようにして水素を発生させ、集めました。次の問いに答えなさい。**

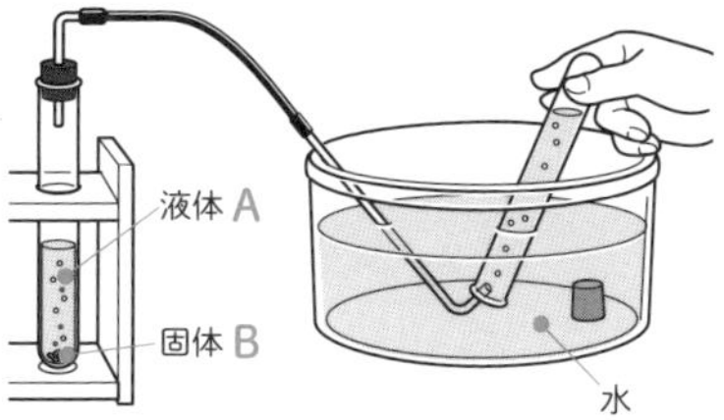

(1)　液体A、固体Bとして適切なものを、次の**ア**～**オ**から選びなさい。

A〔　　　〕 B〔　　　〕

ア　うすい過酸化水素水　　**イ**　うすい塩酸
ウ　二酸化マンガン　　**エ**　石灰石《せっかいせき》　　**オ**　亜鉛《あえん》

(2)　図のような集め方ができるのは、水素にどのような性質があるからですか。〔　　　　　　　　〕

(3)　水素の性質を、次の**ア**～**エ**から選びなさい。〔　　　〕

ア　ものを燃やすはたらきがある。　　**イ**　空気中で爆発的《ばくはつてき》に燃える。
ウ　石灰水《せっかいすい》を白くにごらせる。　　**エ**　刺激臭《しげきしゅう》がある。

2 **アンモニアを発生させて丸底フラスコに集め、図のような装置を組み立てました。次の問いに答えなさい。**

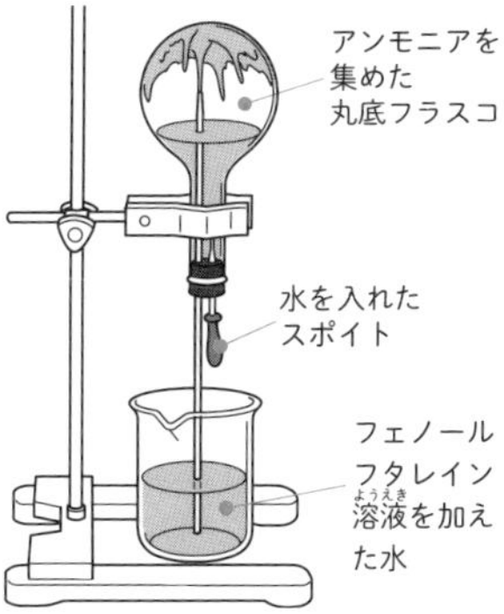

(1)　アンモニアのにおいの調べ方を、次の**ア**、**イ**から選びなさい。〔　　　〕

ア　フラスコに直接鼻を近づける。
イ　フラスコの口のまわりを手であおぐ。

(2)　スポイトのゴム球を押《お》して水をフラスコ内に入れると、ビーカー内の水がフラスコ内に上がり、噴水《ふんすい》が見られました。このことから、アンモニアにはどのような性質があることがわかりますか。

〔　　　　　　　　〕

＼ヒント／
2 (2) スポイトから出た水にフラスコ内の気体がとけると、その分、ビーカー内の水がフラスコ内に上がってきます。

何問できた？　6問中　　問

気体の性質

月　日

1 表のA～Eは、酸素、二酸化炭素、水素、アンモニア、窒素《ちっそ》のいずれかの気体です。あとの問いに答えなさい。

	色	におい	水へのとけやすさ	空気と比べた密度
A	なし	刺激臭《しげきしゅう》	非常によくとける	小さい
B	なし	なし	少しとける	大きい
C	なし	なし	とけにくい	少し小さい
D	なし	なし	とけにくい	少し大きい
E	なし	なし	とけにくい	非常に小さい

(1)　A、Eは何ですか。

A〔　　　　　　〕
E〔　　　　　　〕

(2)　Aの集め方として適切なものを、次の**ア**～**ウ**から選びなさい。

ア　上方置換法《ちかんほう》　　**イ**　下方置換法　　**ウ**　水上置換法　　〔　　〕

(3)　B、C、Dを区別するために、次の実験を行いました。

〔実験１〕　それぞれの気体を入れた試験管に火がついた線香《せんこう》を入れると、B、Cでは火が消えたが、Dでは線香が炎《ほのお》をあげて燃えた。

〔実験２〕　それぞれの気体を入れた試験管に石灰水《せっかいすい》を入れてよく振《ふ》ると、Bでは石灰水が白くにごったが、C、Dでは変化が見られなかった。

これらの実験から、B、C、Dは何だとわかりますか。

B〔　　　　　　〕
C〔　　　　　　〕
D〔　　　　　　〕

＼ヒント／

1 (1) Aはにおいや水へのとけやすさ、Eは空気と比べた密度が特徴的《とくちょうてき》です。

何問できた？

6問中　　問

物質のとけ方

月　日

★水溶液《すいようえき》の特徴《とくちょう》…①透明《とうめい》である。②どこでも濃《こ》さは同じ。③放置しても溶質《ようしつ》は沈《しず》んでこない。

★質量《しつりょう》パーセント濃度《のうど》〔%〕

$$= \frac{\text{溶質の質量〔g〕}}{\text{溶液の質量〔g〕}} \times 100$$

溶質・溶媒《ようばい》・溶液

（食塩水の場合）

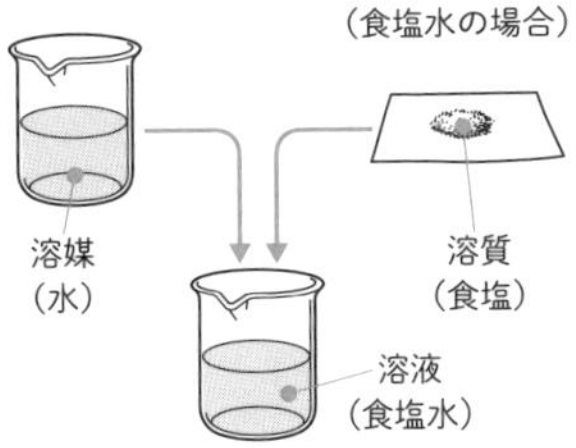

1 水100gに食塩25gをとかして食塩水をつくりました。次の問いに答えなさい。

やってみよう

(1)　このときの水のように、物質をとかしている液体を何といいますか。

〔　　　　　　〕

(2)　このときの食塩のように、(1)にとけている物質を何といいますか。

〔　　　　　　〕

(3)　このときの食塩水のように、液体に物質がとけた液を何といいますか。

〔　　　　　　〕

(4)　食塩水中の食塩の粒《つぶ》のようすを、次の**ア**～**エ**から選びなさい。

〔　　〕

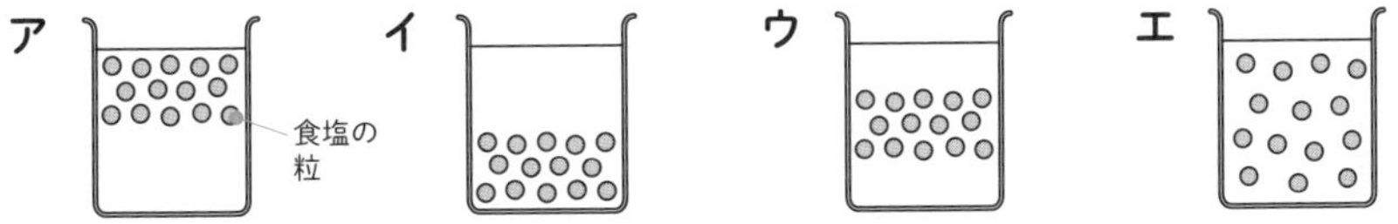

(5)　この食塩水の質量パーセント濃度は何%ですか。

〔　　　　　　〕

(6)　水や食塩のように、1種類の物質からできているものを何といいますか。

〔　　　　　　〕

(7)　食塩水のように、複数の物質が混ざり合ったものを何といいますか。

〔　　　　　　〕

解答➔P.116

何問できた？　7問中　　問

身のまわりの物質

溶《よう》解《かい》度《ど》と再《さい》結《けっ》晶《しょう》

月　　日

★**溶解度**…水100gあたりにとける物質の最大の質量。

★**飽《ほう》和《わ》水《すい》溶《よう》液《えき》**…物質が溶解度までとけている水溶液。

★**再結晶**…いったん溶媒《ようばい》にとかした物質を、再び結晶としてとり出すこと。

1 **表は、硝酸《しょうさん》カリウムと塩化ナトリウムの溶解度を表したものです。次の問いに答えなさい。**

温度〔℃〕	10	40	80
硝酸カリウム〔g〕	22.0	63.9	168.8
塩化ナトリウム〔g〕	35.6	35.7	38.0

やってみよう

(1)　物質が溶解度までとけている水溶液を何といいますか。

〔　　　　　　　　〕

(2)　40℃の水100gに、硝酸カリウムを25.0gとかしました。この水溶液には、硝酸カリウムをあと何gとかすことができますか。

〔　　　　　　　　〕

(3)　80℃の水100gに、硝酸カリウムをとけるだけとかしました。この水溶液を10℃まで冷やすと、硝酸カリウムの結晶が出てきました。

①　物質をいったん水などにとかし、温度を下げるなどして再び結晶としてとり出すことを何といいますか。〔　　　　　　　　〕

②　出てきた結晶の質量は何gですか。

〔　　　　　　　　〕

③　出てきた結晶を、図のようにして分けることを何といいますか。〔　　　　　　　　〕

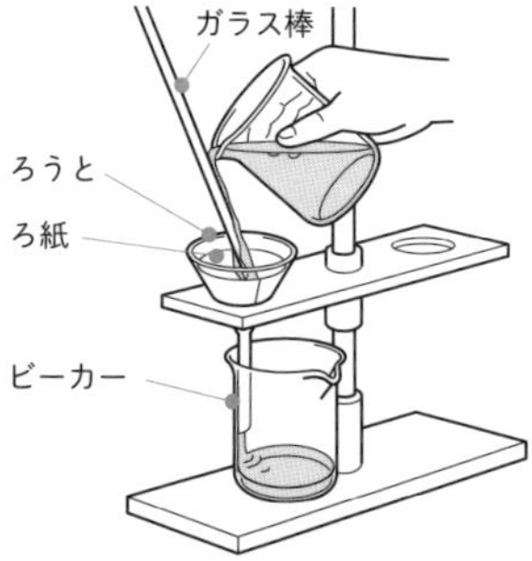

(4)　(3)と同じ操作を塩化ナトリウムで行っても、塩化ナトリウムの結晶はほとんど出てきませんでした。この理由を説明しなさい。

〔　　　　　　　　　　　　　　　　　　　　　　　　〕

解答➜P.116

何問できた?　6問中　　問

英語のルール

英語の音と文字

月　日

1 次の文字がアルファベット順になるように、□に適する大文字を書きなさい。

A □ C D □ F G H I □ K L M N

O P Q □ S □ U V □ X Y Z

2 次の文字がアルファベット順になるように、□に適する小文字を書きなさい。

a b c □ e f g □ i j k l □ n

o p □ r s t □ v w x □ z

3 次の大文字は小文字に、小文字は大文字になおして書きなさい。

(1) A → □　(2) G → □　(3) P → □

(4) f → □　(5) k → □　(6) n → □

4 次の語の下線部と発音が同じ語を（　）から選び、○でかこみなさい。

(1) cake　(cat / apple / game / bag)

(2) bike　(picture / library / fish / dinner)

(3) foot　(food / room / noon / book)

＼ヒント／

1 **2** アルファベットには大文字と小文字があります。それぞれしっかり覚えましょう。

4 文字が同じでも発音が同じとはかぎりません。

解答 → P.117

何問できた？

21問中　　問

英語のルール

語順、a、an、複数形

月　　日

1 日本文に合うように、(　　)内の語を正しく並べかえなさい。

(1) 私は公園を歩きます。

(walk / I) in the park.

＿＿＿＿ in the park.

(2) 私は毎日サッカーをします。

I (soccer / play) every day.

I ＿＿＿＿ every day.

(3) 私は音楽がとても好きです。

(like / music / I) very much.

＿＿＿＿ very much.

2 ＿＿にaかanのどちらか適するほうを書きなさい。

(1) ＿＿＿＿ dog　　(2) ＿＿＿＿ pencil

(3) ＿＿＿＿ apple　　(4) ＿＿＿＿ egg

(5) ＿＿＿＿ old car　　(6) ＿＿＿＿ big orange

3 次の語の複数形を、＿＿に書きなさい。

(1) ball ＿＿＿＿　　(2) cup ＿＿＿＿

(3) bus ＿＿＿＿　　(4) box ＿＿＿＿

(5) library ＿＿＿＿　　(6) country ＿＿＿＿

(7) knife ＿＿＿＿　　(8) child ＿＿＿＿

4 日本語を参考にして、＿＿に適する語を1語ずつ書きなさい。

(1) I have ＿＿＿＿ ＿＿＿＿ .（2匹《ひき》のネコ）

(2) I have ＿＿＿＿ ＿＿＿＿ .（たくさんの本）

(3) I use ＿＿＿＿ ＿＿＿＿ .（何本かのペン）

＼ヒント／

2 母音で始まる語の前には an をつけましょう。

4 名詞を複数形にして表しましょう。「何本かの～」は some を使って表します。

解答 → P.117

何問できた？

20問中　　問

be動詞の文①

月　　日

1 (　　) 内から適する語を選び、○でかこみなさい。

(1) I (am / are) Ito Yui.

(2) He (am / is) from Hokkaido.

(3) You (am / are) his teacher.

(4) She (is / are) Ms. Smith.

2 [　　] 内の指示にしたがって、書きかえなさい。

(1) I am from Canada. ［下線部を短縮形にかえて］

(2) You are Mr. Brown. ［下線部を He にかえて］

3 日本文に合うように、(　　)内の語を正しく並べかえなさい。

(1) 私は12歳《さい》です。

(am / I / twelve).

.

(2) 彼《かの》女《じょ》は生徒です。

(a / is / she) student.

student.

(3) あなたは広島の出身です。

(you / from / are) Hiroshima.

Hiroshima.

＼ヒント／

1 am、are、is は主語によって使い分けます。

2 (2) 主語の You を He にかえると、be 動詞もかわります。

解答 ➜ P.117

be動詞の文②

月　日

1 (　　) 内から適する語を選び、○でかこみなさい。

(1) This (is / are) a new ball.

(2) That (am / is) Ms. White.

(3) (She / They) are soccer players.

2 [　　] 内の指示にしたがって、書きかえなさい。

(1) I am from Japan. ［下線部を We にかえて］

(2) He is a teacher. ［下線部を They にかえて］

3 日本文に合うように、(　　)内の語を正しく並べかえなさい。

(1) それらは鳥です。

(birds / they / are).

.

(2) 私たちは新入生です。

(new / are / we) students.

students.

(3) これは古いコンピュータです。

(an / this / old / is) computer.

computer.

\ヒント/

2 (1)(2) 主語が複数になるので、be 動詞もかわります。

3 (3)〈主語 + be 動詞〉のあとに、「古いコンピュータ」を表す語句が続きます。

解答 ➔ P.118

何問できた?

8問中　　問

be動詞の否定文 / 疑問文

月　日

1 [　] 内の指示にしたがって、書きかえなさい。

(1) He is a tennis player. ［否定文に］

(2) They are in the classroom. ［疑問文に］

2 正しい問答文になるように、＿＿に適する１語を書きなさい。

(1) Tom, are you from Australia?
── No, ＿＿ ＿＿.

(2) Is her mother a doctor?
── Yes, ＿＿ ＿＿.

3 日本文に合うように、(　)内の語句を正しく並べかえなさい。

(1) 私たちは忙《いそが》しくありません。
(we / busy / not / are).
＿＿.

(2) 私の弟は今、自分の部屋にいません。
(his room / my brother / in / isn't) now.
＿＿ now.

(3) 彼女《かのじょ》は野球ファンですか。── いいえ、ちがいます。
(baseball fan / she / a / is)?
── (isn't / she / no / ,).
＿＿?
── ＿＿.

ヒント

1 (1)〈be 動詞 + not〉で否定文にします。
2 (1)「あなたは～？」と聞かれているので、「私は～」と答えます。

何問できた？

7問中　問

be動詞の文

be動詞の使い分け

月　　日

1 (　　) 内から適する語を選び、○でかこみなさい。

(1) I (am / are) from Okinawa.

(2) This (is / are) our school.

(3) Tom and I (am / are) good friends.

(4) Her brothers (is / are) in the park.

(5) You are baseball (player / players).

2 [　　] 内の指示にしたがって書きかえるとき、＿＿に適する１語を書きなさい。

(1) You are a popular singer in Japan. ［下線部をHeにかえて］

He ＿＿＿＿ a popular singer in Japan.

(2) This is an old book. ［下線部をTheyにかえて］

They ＿＿＿＿ old ＿＿＿＿.

3 日本文に合うように、(　　)内の語句を正しく並べかえなさい。

(1) あの女性は私の姉です。

(woman / my / is / that) sister.

＿＿＿＿＿＿＿＿＿＿＿＿ sister.

(2) 彼《かれ》らは今、体育館にいます。

(in / are / the gym / they) now.

＿＿＿＿＿＿＿＿＿＿＿＿ now.

\ヒント/

1 単数に使う be 動詞は am、are、is で、複数に使う be 動詞は are です。
(3) 主語は Tom and I です。単数と複数のどちらかな？

何問できた？

9問中　　　問

一般動詞の文

一般《いっぱん》動詞①

月　　日

1 日本文に合うように、______ に適する１語を［　］から選んで書きなさい。

play
have
use
know

(1) 私はこのコンピュータを使います。

I ______ this computer.

(2) 私たちはあの女性を知っています。

We ______ that woman.

(3) 彼《かれ》らは毎日サッカーをします。

They ______ soccer every day.

2 日本文を完成しなさい。

(1) We speak Japanese.

私たちは日本語を〔　　　　　　　　〕。

(2) I want a new bike.

私は新しい自転車が〔　　　　　　　　〕。

(3) I watch TV every night.

私は毎晩テレビを〔　　　　　　　　〕。

3 日本文に合うように、(　　)内の語句を正しく並べかえなさい。

(1) 私はギターをひきます。

(play / I / the guitar).

______.

(2) 私たちは毎日英語を勉強します。

(English / study / we) every day.

______ every day.

\ヒント/

2 それぞれの文の動詞（speak、want、watch）がどんな意味を表すかを考えましょう。

3 〈主語＋動詞＋目的語〉の形にします。

何問できた？

8問中　　問

一《いっ》般《ぱん》動詞②

月　日

1 日本文に合うように、＿＿に適する１語を［　］から選んで書きなさい。

wait
look
go
get

(1) 私は８時に学校に着きます。

I ＿＿＿＿＿＿ to school at eight.

(2) 私たちはトムを待ちます。

We ＿＿＿＿＿＿ for Tom.

(3) あの鳥を見てください。

Please ＿＿＿＿＿＿ at that bird.

2 日本文を完成しなさい。

(1) I listen to music in my room.

私は自分の部屋で音楽を〔　　　　　　　　〕。

(2) They go to bed at nine.

彼《かれ》らは９時に〔　　　　　　　　〕。

3 日本文に合うように、(　　)内の語句を正しく並べかえなさい。

(1) 私の犬をさがしてください。

(look / my dog / for), please.

＿＿＿＿＿＿＿＿＿＿＿＿, please.

(2) 私は毎朝７時に起きます。

(up / I / at / get) seven every morning.

＿＿＿＿＿＿＿＿＿＿＿＿ seven every morning.

2 (2) go to bed は何という意味を表す？
3 (1)「～をさがす」を〈動詞＋前置詞〉で表しましょう。

何問できた？  7問中　問

一《いっ》般《ぱん》動詞の否定文 / 疑問文

月　日

1 [　　] 内の指示にしたがって書きかえるとき、______ に適する1語を書きなさい。

(1) I like soccer. ［否定文に］

I ______ like soccer.

(2) We use this room. ［否定文に］

We ______ use this room.

(3) They speak English. ［疑問文に］

______ they ______ English?

2 正しい問答文になるように、______ に適する1語を書きなさい。

(1) Do you know this song?

── Yes, I ______.

(2) Do they practice baseball every day?

── No, ______ ______.

3 日本文に合うように、(　　)内の語を正しく並べかえなさい。

(1) 私はネコを飼っていません。

(I / have / don't) a cat.

______ a cat.

(2) 彼《かれ》らは歩いて学校へ行きますか。

(walk / they / to / do) school?

______ school?

\ヒント/

1 否定文…〈主語＋don't[do not]＋動詞～.〉
疑問文…〈Do ＋主語＋動詞～？〉

3 (1) この have は「～を飼う」を意味します。

何問できた?

7問中　　問

疑問詞疑問文 What

月　日

1 下線部をたずねる疑問文に書きかえるとき、＿＿に適する１語を書きなさい。

(1) That is a dog.

＿＿＿＿ is ＿＿＿＿ ?

(2) It's eight o'clock.

＿＿＿＿ ＿＿＿＿ is it?

(3) They have toast and yogurt for breakfast.

＿＿＿＿ ＿＿＿＿ they have for breakfast?

2 正しい問答文になるように、＿＿に適する１語を書きなさい。

(1) What ＿＿＿＿ is it today?

―― It's Saturday.

(2) What are these?

―― ＿＿＿＿ are cookies.

3 日本文に合うように、(　　)内の語を正しく並べかえなさい。

(1) 今日は何月何日ですか。

(date / what's / the) today?

＿＿＿＿＿＿＿＿ today?

(2) あなたは日曜日に何をしますか。

(you / what / do / do) on Sunday?

＿＿＿＿＿＿＿＿ on Sunday?

(3) あなたは何時に起きますか。

(time / do / get / what / you) up?

＿＿＿＿＿＿＿＿ up?

＼ヒント／

1 (2)「何時ですか。」と時刻をたずねる疑問文にします。

2 (1)「土曜日です。」と答えているから、曜日をたずねる疑問文にします。

何問できた？

8問中　　問

疑問詞疑問文 Who

月　　日

1 下線部をたずねる疑問文に書きかえるとき、＿＿＿に適する１語を書きなさい。

(1) That girl is Yuki.

＿＿＿＿＿＿ is that girl?

(2) They are my friends.

＿＿＿＿＿＿ ＿＿＿＿＿＿ they?

2 正しい問答文になるように、＿＿＿に適する１語を書きなさい。

(1) ＿＿＿＿＿＿ that?

―― That's Mike. He's from Canada.

(2) Who is that woman?

―― ＿＿＿＿＿＿ ＿＿＿＿＿＿ my teacher.

3 日本文に合うように、(　　)内の語を正しく並べかえなさい。

(1) この背の高い男の子はだれですか。

(is / who / this) tall boy?

＿＿＿＿＿＿＿＿＿＿＿＿＿＿＿＿ tall boy?

(2) 木のそばにいるあの女の子はだれですか。

(that / who's / girl) by the tree?

＿＿＿＿＿＿＿＿＿＿＿＿＿＿＿＿ by the tree?

(3) あなたのお気に入りの歌手はだれですか。

(is / favorite / your / who) singer?

＿＿＿＿＿＿＿＿＿＿＿＿＿＿＿＿ singer?

ヒント

1 (1)「あの女の子はだれですか。」とたずねる疑問文にしましょう。

3 (1)(3)〈Who + be 動詞＋主語～？〉の語順になります。

解答 → P.120

何問できた？

7問中　　問

疑問詞疑問文 How

月　日

1 次の質問の答えを下の［　］から１つずつ選び、記号で答えなさい。

(1) How much is this cup?　〔　　　〕
(2) How old is your brother?　〔　　　〕
(3) How many dogs do you have?　〔　　　〕

ア Two.　イ 500 yen.　ウ Seventeen years old.

2 正しい問答文になるように、＿＿に適する１語を書きなさい。

(1) ＿＿＿＿ are you?
— I'm fine.

(2) ＿＿＿＿ the ＿＿＿＿ in Hokkaido?
— It's cloudy.

3 日本文に合うように、(　)内の語句を正しく並べかえなさい。

(1) 紅茶はいかがですか。
(about / how / some tea)?

＿＿＿＿＿＿＿＿＿＿＿＿＿＿＿＿?

(2) あなたはどのようにして学校に行きますか。
(go / you / how / do) to school?

＿＿＿＿＿＿＿＿＿＿＿＿＿＿ to school?

(3) あなたは何本の鉛筆《えんぴつ》を持っていますか。
(pencils / many / do / how) you have?

＿＿＿＿＿＿＿＿＿＿＿＿＿＿ you have?

\ヒント/

1 アは数、イは値段、ウは年齢《ねんれい》を答えていますね。
2 (2)「くもりです。」と答えているから、天気をたずねる疑問文にしましょう。
3 (3) 数をたずねるから、〈How many ＋名詞の複数形～？〉の形にしましょう。

解答 ➔ P.120

何問できた?

8問中　　問

疑問詞疑問文

疑問詞疑問文 Where

月　　日

1 日本文に合うように、______に適する１語を書きなさい。

(1) ケイトはどこにいますか。―― 教室に(います)。

______ is Kate? ―― ______ the classroom.

(2) 図書館はどこにありますか。―― それは公園のそばにあります。

______ is the library?

―― ______ by the park.

2 日本文を完成しなさい。

(1) Where is Mr. Brown?

ブラウン先生は〔　　　　　　　　　　〕。

(2) Where do you play baseball?

あなたたちは〔　　　　　　　　　　〕。

3 日本文に合うように、(　　)内の語句を正しく並べかえなさい。

(1) あなたのお姉さんはどこにいますか。

(where / your sister / is)?

______?

(2) あなたはどこの出身ですか。

(you / are / where) from?

______ from?

(3) あなたはどこでピアノを練習しますか。

(do / where / practice / you) the piano?

______ the piano?

＼ヒント／

2 Where ～？の文はどんな意味を表す？

3 〈Where＋疑問文の語順～？〉で表します。

解答 ➔ P.121

何問できた？

７問中　　　問

英語 13

疑問詞疑問文

疑問詞疑問文 When

月　日

1 日本文に合うように、＿＿に適する１語を書きなさい。

(1) あなたの誕生日はいつですか。── 9月10日です。

＿＿＿＿＿＿ is your birthday?

── ＿＿＿＿＿＿ September 10.

(2) あなたたちはいつサッカーを練習しますか。── 毎週日曜日に(します)。

＿＿＿＿＿＿ do you practice soccer?

── ＿＿＿＿＿＿ Sunday.

2 日本文を完成しなさい。

(1) When is the festival?

その祭りは〔　　　　　　　　　　〕。

(2) When do you do your homework?

あなたは〔　　　　　　　　　　〕。

3 日本文に合うように、(　　)内の語を正しく並べかえなさい。

(1) あなたの夏休みはいつですか。

(your / when / is) summer vacation?

＿＿＿＿＿＿＿＿＿＿＿＿ summer vacation?

(2) あなたはいつ寝《ね》ますか。

(when / you / do) go to bed?

＿＿＿＿＿＿＿＿＿＿＿＿ go to bed?

(3) あなたはいつ朝食を食べますか。

(you / have / do / when) breakfast?

＿＿＿＿＿＿＿＿＿＿＿＿ breakfast?

＼ヒント／

2 When ～？の文はどんな意味を表す？

3 〈When ＋疑問文の語順～？〉で表します。

英語
14

解答 ➔ P.121

何問できた？

7問中　　問

英語

15 canの文

can

月　日

1 canを使った文に書きかえるとき、＿＿に適する１語を書きなさい。

(1) I play basketball.

I ＿＿＿＿ ＿＿＿＿ basketball.

(2) You dance well.

You ＿＿＿＿ ＿＿＿＿ well.

(3) They speak English.

They ＿＿＿＿ ＿＿＿＿ English.

2 日本文を完成しなさい。

(1) I can run fast.

私は速く〔　　　　　　　　〕。

(2) She can play the piano.

彼女《かのじょ》はピアノを〔　　　　　　　　〕。

3 日本文に合うように、(　　)内の語を正しく並べかえなさい。

(1) 私は今日、あなたの家に行けます。

(go / can / I) to your home today.

＿＿＿＿＿＿＿＿ to your home today.

(2) 彼《かれ》は上手に歌うことができます。

(sing / he / can) well.

＿＿＿＿＿＿＿＿ well.

(3) 彼女は日本語を書くことができます。

(can / Japanese / write / she).

＿＿＿＿＿＿＿＿.

＼ヒント／

1 can を動詞の前につけて、「～することができる」という意味を表します。

3 〈主語＋ can ＋動詞の原形～ .〉の形で表しましょう。

解答 ➜ P.121

何問できた？ 8問中　　問

can

canの否定文 / 疑問文

月　　日

1 [　　] 内の指示にしたがって書きかえるとき、＿＿に適する１語を書きなさい。

(1) I can swim fast. ［否定文に］

I ＿＿＿＿ swim fast.

(2) They can play the guitar. ［疑問文にかえてNoで答える］

＿＿＿＿ ＿＿＿＿ play the guitar?

── No, ＿＿＿＿ ＿＿＿＿.

2 日本文を完成しなさい。

(1) I can't use this computer.

私はこのコンピュータを［　　　　　　　　］。

(2) Can Beth speak French?

ベスはフランス語を［　　　　　　　　］。

3 日本文に合うように、(　　)内の語を正しく並べかえなさい。

(1) 私たちはこの公園でサッカーをすることはできません。

(cannot / soccer / play / we) in this park.

＿＿＿＿＿＿＿＿＿＿＿＿ in this park.

(2) あなたはあの時計が見えますか。

(that / can / see / you) clock?

＿＿＿＿＿＿＿＿＿＿＿＿ clock?

(3) ここで写真をとってもいいですか。

(I / pictures / can / take) here?

＿＿＿＿＿＿＿＿＿＿＿＿ here?

＼ヒント／

1 否定文…〈主語＋can't[cannot]＋動詞の原形〜.〉

疑問文…〈Can＋主語＋動詞の原形〜？〉

3 (3)「〜してもいいですか」と許可を求めるときは、canの疑問文の形で表しましょう。

解答 ➔ P.122

何問できた？ 7問中　　問

命令文

月　日

1 [　　] 内の指示にしたがって書きかえるとき、＿＿に適する１語を書きなさい。

(1) You go to bed early. ［命令文に］

＿＿＿＿ to bed early.

(2) You open the window. ［禁止を表す命令文に］

＿＿＿＿ ＿＿＿＿ the window.

(3) We play tennis together. ［「～しましょう。」とさそう文に］

＿＿＿＿ ＿＿＿＿ tennis together.

2 日本文を完成しなさい。

(1) Be quiet in the library.

図書室では〔　　　　　　　　　　〕。

(2) Let's go shopping.

買い物に〔　　　　　　　　　　〕。

3 日本文に合うように、(　　)内の語句を正しく並べかえなさい。

(1) この絵を見てください。

(this picture / at / look), please.

＿＿＿＿＿＿＿＿, please.

(2) 学校に遅刻《ちこく》してはいけません。

(late / don't / be) for school.

＿＿＿＿＿＿＿＿ for school.

(3) いっしょに昼食を食べましょう。

(have / let's / lunch) together.

＿＿＿＿＿＿＿＿ together.

1 (1)「～しなさい」と命令するときは、動詞の原形で文を始めましょう。
3 (2) 禁止の命令文…〈Don't ＋動詞の原形～ .〉

何問できた？

8問中　　問

英語 18

2学期を先取り！

一般《いっぱん》動詞

3人《にん》称《しょう》単数現在形①

月　日

★3人称単数：he、she、itなど、I、you以外の1人の人や1つのもの。

※ we、theyなどは複数なので入らない。

	1人称	2人称	3人称
単数	I	you	he、she、it、 Tom、this bag など
複数	we Tom and I など	you	they children など

（3人称単数 ― 3人称の単数の欄）

1 次の主語のうち、3人称単数はどれですか。すべて選んで答えなさい。

Mike / you / they / I / she / it / that book / we

★主語が3人称単数の文では、動詞の語尾《ごび》にsがつく。

★s、x、sh、ch、oで終わる語は、語尾にesがつく。

（例）wash ➜ washes / go ➜ goes

2 次の動詞の3人称単数現在形を、＿＿に書きなさい。

(1) play ＿＿＿＿　(2) want ＿＿＿＿

(3) like ＿＿＿＿　(4) use ＿＿＿＿

(5) teach ＿＿＿＿　(6) do ＿＿＿＿

3 （　）内から適する語を選び、〇でかこみなさい。

(1) She (runs / runes) in the park every day.

(2) Kate (watchs / watches) TV after dinner.

(3) Many people (visit / visits) this country.

英語 18

何問できた？

10問中　　問

解答 ➜ P.123

一般《いっぱん》動詞

3人《にん》称《しょう》単数現在形②

月　日

★注意する3人称単数現在の形

- 〈子音字＋y〉で終わる語…yをiにかえてes

  (例) study ➜ studies / try ➜ tries

- 特別な形になる語

  (例) have ➜ has

1 次の動詞の3人称単数現在形を、＿＿に書きなさい。

(1) read ＿＿＿＿　(2) try ＿＿＿＿

(3) study ＿＿＿＿　(4) wash ＿＿＿＿

(5) know ＿＿＿＿　(6) have ＿＿＿＿

★一般動詞にsやesがつくのは、主語が3人称単数のときだけ！

〈主語が1人称単数〉 I like baseball. 私は野球が好きです。

↓

〈主語が3人称単数〉 She likes baseball. 彼女《かのじょ》は野球が好きです。

2 (　　)内から適する語句を選び、○でかこみなさい。

(1) (He / I) wants a new bike.

(2) (Yui / They) live in Australia.

(3) (Ms. Yamada / We) teaches Japanese.

解答 ➜ P.123

何問できた?　9問中　問

一般動詞

一《いっ》般《ぱん》動詞の使い分け

月　日

1 各文に適する語を下から選んで、＿＿に現在形で書きなさい。ただし、必要に応じて形をかえること。同じ語は2度使わないこと。

(1) I ＿＿＿＿＿ my room on Sundays.

(2) She ＿＿＿＿＿ English hard.

(3) Mike ＿＿＿＿＿ two sisters.

(4) My brother ＿＿＿＿＿ books every day.

(5) Emi and Meg ＿＿＿＿＿ tennis together.

play	read	have	clean	study

2 下線部の語を（　）内の語句にかえて、全文を＿＿に書きなさい。

(1) I play the guitar.　(He)

＿＿＿＿＿＿＿＿＿＿＿＿＿＿＿＿

(2) We live in Canada.　(My sister)

＿＿＿＿＿＿＿＿＿＿＿＿＿＿＿＿

(3) You speak English well.　(Miki)

＿＿＿＿＿＿＿＿＿＿＿＿＿＿＿＿

(4) They watch TV every night.　(Riku)

＿＿＿＿＿＿＿＿＿＿＿＿＿＿＿＿

3 日本文に合うように、下線部の動詞を正しい形にかえて、（　）内の語句を正しく並べかえなさい。

(1) 彼《かれ》はこの町をよく知っています。

(he / this town / know) well.

＿＿＿＿＿＿＿＿＿＿＿＿＿＿＿＿ well.

(2) エイミーは毎日音楽を聞きます。

(music / Amy / to / listen) every day.

＿＿＿＿＿＿＿＿＿＿＿＿＿＿＿＿ every day.

何問できた?

11問中　　問

6年生の漢字

月　日

1 ――の漢字の読みがなを書きなさい。

(1) 親密な関係。（　）

(2) 経済の成熟。（　）

(3) 尊厳を守る。（　）

(4) 忠実に再現する。（　）

(5) 推理小説を読む。（　）

(6) 液体を蒸留する。（　）

2 □に漢字を書きなさい。

(1) ペンを□□《はいしゃく》する。

(2) □□《きはつ》性が高い薬品。

(3) 規則を□□《げんかく》に守る。

3 〔　〕に漢字と送りがなを書きなさい。

(1) 住民税を〔　〕《おさめる》。

(2) 姉が県庁に〔　〕《つとめる》。

(3) 鏡に自分の姿を〔　〕《うつす》。

(4) 久しぶりに母校を〔　〕《たずねる》。

4 □に仲間の漢字を書きなさい。

(1) □《はい》・□□《しんぞう》・□《い》・□《のう》

(2) □□《ほうりつ》・□□《けんぽう》・□□《ないかく》

＼ヒント／

4 (1) 体に関連のある漢字には、「月(にくづき)」がつくことがあります。

国語 1

何問できた？

20問中　問

漢字・語句

新しい読み方の漢字

月　日

1 ——の漢字の読みがなを書きなさい。

(1) 干潟の生き物。（　　）

(2) 劇の衣装を作る。（　　）

(3) 布を染色する。（　　）

(4) 裏で人形を操る。（　　）

(5) 自分の席に座る。（　　）

(6) 故郷を訪れる。（　　）

2 □に漢字を書きなさい。

(1) 鉄を鍛《きた》えて□《はがね》にする。

(2) 久しぶりに□《わ》が家に帰る。

(3) □《おのれ》の言動を顧《かえり》みる。

(4) □□《ひつぜつ》に尽《つ》くし難《がた》い出来事。

(5) □□《じゃくねん》層の支持を集める。

(6) 誕生日を□□《せいだい》に祝う。

3 （　）に漢字と送りがなを書きなさい。

(1) 朝は（　　）《もっぱら》パンを食べる。

(2) （　　）《いちじるしい》変化が見られる。

(3) 解決のために時間を（　　）《さく》。

(4) せいろで野菜を（　　）《むす》。

＼ヒント／

2 (4)「ひつぜつ」は、文章に書くことと口で話すことという意味です。

3 (1)「もっぱら」は、「そればかり」という意味で使われます。

何問できた？　16問中　　問

解答 ➔ P.124

筆順

月　日

1 次の漢字に当てはまる、筆順のきまりを選び、記号で答えなさい。

(1) 木〔　　〕
(2) 周〔　　〕
(3) 延〔　　〕
(4) 成〔　　〕
(5) 律〔　　〕

ア 外側が先　イ 左ばらいが先
ウ 横画が先　エ 「にょう」は最後
オ 貫《つらぬ》く縦画は最後

2 筆順の正しい方を選び、記号に○をつけなさい。

(1) 飛
ア　イ

(2) 馬
ア　イ

3 次の漢字の→の画は何画目に書きますか。漢数字で書きなさい。

(1) 希〔　　〕画目
(2) 発〔　　〕画目
(3) 博〔　　〕画目
(4) 密〔　　〕画目
(5) 存〔　　〕画目
(6) 可〔　　〕画目
(7) 無〔　　〕画目

ヒント
3 1 を参考にどの筆順のきまりが当てはまるかを考えましょう。また、きまりが当てはまらない(2)(4)(6)のような特別な漢字は、筆順を注意して覚えましょう。

何問できた？　14問中　　問

解答→P.124

画数

月　　日

1 次の漢字の総画数を漢数字で書きなさい。

(1) 己（　　）画

(2) 吸（　　）画

(3) 革（　　）画

(4) 婦（　　）画

(5) 遠（　　）画

2 次の漢字と同じ画数の漢字を選び、記号で答えなさい。

(1) 号　ア 切　イ 考　ウ 区　エ 写（　　）

(2) 第　ア 帳　イ 弱　ウ 運　エ 蒸（　　）

(3) 節　ア 貿　イ 裏　ウ 緑　エ 郷（　　）

(4) 隊　ア 移　イ 様　ウ 健　エ 満（　　）

3 次の画数の漢字を二つずつ選び、記号で答えなさい。

(1) 五画（　　）（　　）

(2) 六画（　　）（　　）

(3) 八画（　　）（　　）

(4) 九画（　　）（　　）

(5) 十画（　　）（　　）

(6) 十二画（　　）（　　）

ア 極　イ 約　ウ 承　エ 布

オ 服　カ 好　キ 姿　ク 処

ケ 脈　コ 存　サ 運　シ 純

1 (4)「女」を四画で書かないように気をつけましょう。

3 間違《まちが》えやすい部分をもつ漢字に注意しましょう。

何問できた？　15問中　　問

部首

月　日

1 次の漢字の部首は、あとの①～⑦のどの形ですか。番号で答えなさい。

(1) 件〔　〕
(2) 速〔　〕
(3) 利〔　〕
(4) 広〔　〕
(5) 点〔　〕
(6) 開〔　〕
(7) 第〔　〕

① へん　② つくり　③ かんむり
④ あし　⑤ たれ　⑥ にょう
⑦ かまえ

2 次の漢字の部首を書きぬきなさい。

(1) 雪 □
(2) 救 □
(3) 院 □
(4) 痛 □
(5) 困 □

3 次の漢字の部首の名前を選び、記号で答えなさい。

(1) 顔〔　〕
(2) 急〔　〕
(3) 起〔　〕
(4) 熊〔　〕

ア こころ　イ れんが・れっか
ウ りっとう　エ おおがい
オ そうにょう

4 次の漢字に共通してつけられる部首を書きなさい。

(1) 十・川・方―□
(2) 女・寸・各―□
(3) 由・寺・合―□
(4) 分・田・冬―□

＼ヒント／

1 部首は、その場所によって呼び名が違《ちが》うことを理解しましょう。
4 (1)(4)は同じへんがつけられ、(2)(3)は同じかんむりがつけられます。

何問できた？　20問中　　問

解答➔P.124

おさえたい新出漢字①

月　日

1 ――の漢字の読みがなを書きなさい。

(1) ひもで縛る。（　）

(2) 比喩表現を用いる。（　）

(3) 普通の話題。（　）

(4) 三匹の犬を飼う。（　）

(5) 便箋と封筒《ふうとう》。（　）

(6) 基礎を固める。（　）

2 □に漢字を書きなさい。

(1) 急病人を□□（たんか）で運ぶ。

(2) □□（しんさん）をなめる。

(3) □□（いっしゅん）で目が覚める。

3 （　）に漢字と送りがなを書きなさい。

(1) 大きな声に（おどろく）。

(2) 取り（あつかい）に注意する。

(3) 本にしおりを（はさむ）。

4 同じ部首の漢字を書きなさい。

(1)
- 母が好きな洋服の□（がら）。
- 話の□（かく）心に迫《せま》る。

(2)
- 気持ちを（こめる）。
- 意見が（ちがう）。

2 (2)「しんさん」は、非常に苦しいこと、つらいことの意味です。
4 (1)「かくしん」は、物事の中心のことです。

解答 → P.125

何問できた？

16問中　問

おさえたい新出漢字②

月　日

1 ——の漢字の読みがなを書きなさい。

(1) 哺《ほ》乳類《にゅうるい》の特徴。（　　）
(2) 魔法のような技術。（　　）
(3) 右腕を上げる。（　　）
(4) 雷注意報が出る。（　　）
(5) 甘い物を食べる。（　　）
(6) この本は最高傑作だ。（　　）

2 □に漢字を書きなさい。

(1) 古代の□□（いせき）を調査する。
(2) □□（かいもく）見当もつかない。
(3) □□（ゆうしゅう）な成績を収める。

3 （　）に漢字と送りがなを書きなさい。

(1) 文章の要点を（とらえる）。
(2) 会場に歌声が（ひびく）。
(3) 友人に代理を（たのむ）。

4 同じ部首の漢字を書きなさい。

(1) 学力が（のびる）。
君と□（ぼく）の大事な約束。
(2) 庭の草を（ぬく）。
□（きょ）点を構える。

ヒント

2 (2)「かいもく」は、「まったく」という意味です。
4 (1)「学力がのびる」の「のびる」は、「成長する」の意味を表しています。

解答 ➔ P.125

何問できた？ 16問中　問

漢字・語句

漢字の音訓

月　日

1

――線の漢字の読みがな（音読み）を書きなさい。

(1)
A アメリカに留学する。（　）
B 一人で留守番をする。（　）

(2)
A 無理を言わない。（　）
B 無事に家に帰る。（　）

(3)
A 大会が開幕する。（　）
B 江戸《えど》幕府の政治。（　）

(4)
A 日米合作の映画。（　）
B 白米を食べる。（　）

2

――線の漢字の読みがな（訓読み）を書きなさい。

(1)
A 川の水位が増す。（　）
B 生産量が増える。（　）

(2)
A 言葉を覚える。（　）
B 朝早く目を覚ます。（　）

(3)
A 銀杏《いちょう》の並木道。（　）
B テーブルに皿を並べる。（　）

3

――線の熟語の読みがなを書きなさい。

(1)
A 今日は、昨日より寒い。（　）
B 今日の社会情勢について論じる。（　）

1 音読みが複数ある漢字には注意しましょう。熟語や文脈から読みを判別します。
3 どちらかは、特別な読み方の言葉です。

解答→P.125

何問できた？

8問中　問

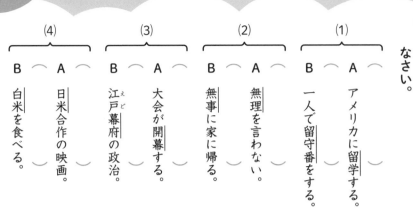

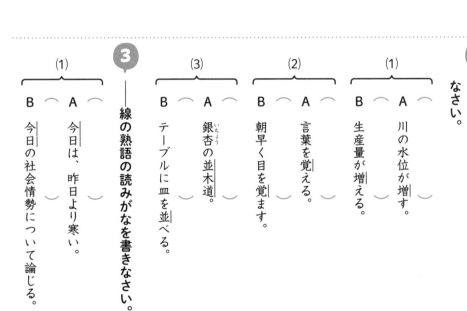

文章・段落・文

1 言葉の単位について、次の説明に合うものを、［　］から選んで書きなさい。

(1) 小説や詩など、ある内容を表した一つのまとまり全体。…〔　　〕

(2) (1)をまとまった内容で分けたもので、行がかわり、初めが一字下がる。…〔　　〕

(3) 最後に「。」(句点)がつく、ひとつづきの言葉。「。」の他にも、「?」(疑問符《ふ》)や「!」(感《かん》嘆《たん》符)で区切ることもある。…〔　　〕

段落　文　文章　言葉　文節

2 次の文章を読み、あとの問いに答えなさい。

　久しぶりの快晴だった。空をおおっていた厚い雲は消え、柔《やわ》らかな日差しが降りそそいでいる。まるで空も祝福してくれているようだった。
　歩道橋を下りて右、まっすぐ進んだ先に薄《うす》水色の大きな建物が見える。あれが私の新しい学校だ。
　ひとつ、深呼吸をする。うまくなじめるだろうか? これからへの大きな期待と、ほんの少しの不安を胸に、力強く、校門へと一歩を踏《ふ》み出した。

(1) ①右の文章は、いくつの段落からできていますか。漢数字で書きなさい。②また、第二段落の初めの三字を書きぬきなさい。

① 段落の数〔　　〕　②□□□

(2) 右の文章は、いくつの文からできていますか。漢数字で書きなさい。〔　　〕

＼ヒント／

1 一つもしくは、いくつかの文からできているのが段落です。

文法

文節の分け方

月　日

1 次の文に、例のように「ネ」を入れて文節に分けなさい。（　）は文節の数です。

例：犬が〈ネ庭に〈ネ穴を〈ネほった。〈ネ（4）

(1) 姉は美術部の部長だ。（3）

(2) 今年の秋は台風が多い。（4）

2 次の文の文節の区切り方として正しいほうを選び、記号で答えなさい。

(1) 赤い屋根に雪が積もる。

ア 赤い／屋根に／雪が／積もる。

イ 赤い／屋根／に／雪／が／積もる。

（　　）

(2) 友達と二人で旅行に行く。

ア 友達／と／二人／で／旅行／に／行く。

イ 友達と／二人で／旅行に／行く。

（　　）

3 次の文の文節の切れ目に「／」を入れなさい。（　）は文節の数です。

(1) 明日は姉と映画館に行く。（4）

(2) ペンギンが海に飛《と》び込《こ》む。（3）

(3) 兄がマンガを読んでいる。（4）

4 次の文の文節の区切り方として正しいほうを選び、記号で答えなさい。

(1) 猫《ねこ》が窓際《まどぎわ》で寝《ね》ている。

ア 猫が／窓際で／寝て／いる。

イ 猫が／窓際で／寝ている。

（　　）

(2) 海辺で貝殻《かいがら》を拾い集める。

ア 海辺で／貝殻を／拾い／集める。

イ 海辺で／貝殻を／拾い集める。

（　　）

＼ヒント／

1 文節の切れ目には「ネ」「サ」「ヨ」を入れることができます。

3 (2)「飛び込む」などの複合語は一文節です。　例：母が／本を／読み始める。

3 (3)「〜て〜」「〜で〜」の形の言葉は、二文節です。　例：買って／おく、住んで／いる

何問できた？　9問中　　問

単語の分け方

1
次の文の単語の区切り方として正しいほうを選び、記号で答えなさい。

(1) 私の好きな季節は春だ。
ア　私／の／好きな／季節／は／春／だ。
イ　私の／好きな／季節は／春だ。
〔　　〕

(2) 姉は父と料理をする。
ア　姉は／父と／料理を／する。
イ　姉／は／父／と／料理／を／する。
〔　　〕

2
次の文に例のように「／」を入れて単語に分けなさい。(　)は単語の数です。

例：コップ／に／牛乳／を／注ぐ。(5)

(1) 弟の靴《くつ》はまだ新しい。(6)

(2) 目的地へバスで行く。(5)

3
一単語であるほうを選び、記号で答えなさい。

(1) ア　謝罪する　イ　謝罪をする　〔　　〕

(2) ア　聞いて伝える　イ　聞き伝える　〔　　〕

(3) ア　話してみる　イ　話し続ける　〔　　〕

(4) ア　考えこむ　イ　考えておく　〔　　〕

4
次の文の単語の切れ目に「／」を入れなさい。

(1) 家で友達とゲームをする。

(2) 姉に荷物を運んでもらう。

(3) 弟の話はいつもおもしろい。

＼ヒント／
1 「単語」は、これ以上分けることのできない最も小さい言葉の単位です。
3 複合語は一単語です。
4 (2)「〜て」「〜で」の形の言葉は、次のように区切れます。　例：話し／て／いる、泳い／で／いく

解答 → P.126

何問できた？　11問中　　問

文法

接続する語句・指示する語句

月　日

1 次の文から接続語をさがして、書きぬきなさい。

(1) 勝利した。けれど、課題が　残った。

(2) 呼びかけると、返事が　あった。

(3) 暖かいので、眠《ねむ》く　なる。

(4) 調べたが、答えは　わからない。

2 次の文中の指示する語句に、――を引きなさい。

(1) この　お菓子《かし》は　とても　おいしいです。

(2) そちらの　ドアから　お入りください。

(3) あなたは　いま　どんな　気持ちですか。

3 次の二つの文を、一つの文に書きかえたとき、□に当てはまる接続語を書きなさい。

(1) 空腹だった。だから、元気がなかった。

↓

□、元気がなかった。

(2) 力走した。しかし、勝てなかった。

↓

□、勝てなかった。

4 次の文の――の指示する語句が指すものを、それぞれ書きなさい。

(1) 青い服の女の子、あれが私の妹です。

(2) 病院に行く。そのあとは帰るだけだ。

(3) 南国に住んでいる。ここは暖かい。

＼ヒント／

1 前に文節や文がなくても「接続語」になることがあります。

2 「こそあど言葉」は、こ…自分に近い、そ…相手に近い、あ…両方から遠い、ど…わからないものを示します。

解答→P.126

何問できた？

12問中　　問

読解

詩①

月　　日

1 次の詩を読み、あとの問いに答えなさい。

遠景

木《き》山《やま》捷平《しょうへい》

草原の上に腰《こし》を下ろして
幼い少女が
髪《かみ》の毛を風になびかせながら
むしんに絵をかいていた。
私はそっと近よって
のぞいてみたが
やたらに青いものをぬりつけているばかりで
何をかいているのか皆目《かいもく》わからなかった。
そこで私はたずねてみた。
――どこをかいているの？
少女はにっこりと微笑《びしょう》して答えてくれた。
――ずっと向こうの山と空よ。
だがやっぱり
私にはとてもわからない
ただやたらに青いばかりの絵であった。

⑴ 幼い少女は、どんな様子で絵をかいていますか。（　）に当てはまる言葉を書きなさい。

・風に髪の毛をなびかせ、（　　　　）に絵をかいていた。

⑵ 「私」には、少女のかいた絵がどんな絵に見えましたか。

［　　　　　　　　］

⑶ 「私」には、なぜ少女がえがいているものがわからなかったのですか。正しいものを次から一つ選び、記号で答えなさい。［　］

ア 少女が、実は何もかいていないから。

イ 少女が、そこからは見えないものをかいているから。

ウ 少女が、実際とはちがう色でかいているから。

エ 少女が、だれにも見せたくないものをかいているから。

⑷ 少女がかいたものを漢字二字で表した言葉を書きぬきなさい。

□□

＼ヒント／

1 ⑶「私」は「どこをかいているの？」ときいていますね。少女はなんと答えているでしょうか。

何問できた？

4問中　　　問

詩②

月　日

1 次の詩を読み、あとの問いに答えなさい。

空気

まど・みちお

花のまわりで　花の形
ボールのまわりで　ボールの形
ゆびのまわりで　ゆびの形

そこに　ある物を
どんな物でも　そこにあらせて
自分は　よけて
その物をそのままそっと包んでいる
自分の形は　なくして
その物の形に　なって……

まるでこの世のありとあらゆる物が
いとおしくてならず
その　ひとつひとつに
自分でなってしまいたいかのように

(1) 花、ボール、ゆびなどのまわりに何があるといっていますか。書きなさい。

〔　　　　〕

(2) 「そこにあらせて」とは、どういう意味ですか。正しいものを次から一つ選び、記号で答えなさい。

〔　　　　〕

ア そこに存在させて
イ そこにとどまらせて
ウ そこに移動させて
エ そこから去って

(3) たとえの表現になっているのは、第何連ですか。漢数字で書きなさい。

第□連

(4) 「そっと包んでいる」とありますが、それはどんな様子だといっていますか。（　）に当てはまる言葉を書きなさい。

・すべてのものが（　　　　）、そのものそれぞれに、自分で（　　　　）と思っているような様子。

1 (3) たとえの表現とは、「まるで〜のようだ」という形になっていることがあります。

何問できた？　5問中　　問

解答 ➜ P.127

小説①

月　日

1 次の文章を読み、あとの問いに答えなさい。

「本当はねえ、困っているのはねえ、僕《ぼく》が自分の名を書くと、開票の結果、クラス全員五十名が僕に投票したことになりそうなんだよ。僕が自分の名を書いたことがバレちゃうということなんだよ」

ヒコベエの胸の中では、学級委員になりたいという強烈《きょうれつ》な欲望と、その気持ちを友達には絶対に知られたくないという羞恥《しゅうち》が、統御《とうぎょ》できないほどに①葛藤《かっとう》していたのである。母が不思議そうに言った。

「バレてどこが悪いのよ。なりたければ自分の名を書くの、当たり前じゃない。自分の名を書いちゃあいけない選挙なんて、世界中どこにもありゃしないわよ」

父が口を開いた。

「本当に五十票満票になりそうなのか」

「多分なると思う」

「それなら誰《だれ》かの名を書いておけば。四十九票でも当選するからな。自分の名を書くのはちょっと、というヒコベエの気持ちはわかるよ」

（藤原正彦「ヒコベエ」新潮文庫）

(1) この文章は、どんな場面をえがいていますか。（　）に当てはまる言葉を書きなさい。

・ヒコベエが、（　　　　）について両親と話している場面。

(2) ――①「葛藤していた」とありますが、どういうことですか。正しいものを次から一つ選び、記号で答えなさい。〔　　〕

ア 自分が望むことと望まないことが、対立していること。

イ 自分が望むことが数多くあって、どれも得られないということ。

ウ 自分の望まないことを、避《さ》けることができないということ。

(3) 父の提案を簡潔に書きなさい。

〔　　　　〕

(4) 次の文が、父と母の考えの違《ちが》いを表すように、（　）に当てはまる言葉を本文中から書きぬきなさい。

・（　　　　）を理解しているかどうかの違い。

ヒント

1 (2)「葛藤」とは、互《たが》いに譲《ゆず》らずいがみ合ったりすることです。

何問できた？

4問中　　問

小説②

月　日

1 次の文章を読み、あとの問いに答えなさい。

※ミオは、傘《かさ》を落としたおにいさんに声をかけたが、初め、気づいてもらえなかった。

だれかに肩《かた》をつつかれた。

ふり向くと傘を渡《わた》したおにいさんだった。おにいさんはミオに向かって①しきりに手ぶりをして見せた。

それでやっと事情がのみこめた。その人は耳がよく聞こえないのだ。だからミオの呼びかける声もわからなかったのだ。

おにいさんはミオの手をそっととった。そして手相でも見るように手の平を上に向けた。そこにおにいさんは②指でなぞって字を書いた。ゆっくりと書いた。くすぐったかったけれどがまんした。とてもかんたんな字だったから、すぐに読みとれた。

ありがとう

ミオは顔を上げた。

［どんよりとした雨雲が切れ、太陽は西の空にかがやいた。風はやみ、みかん色の陽《ひ》がおだやかに町を照らした。とり残された水滴《すいてき》があちらこちらで光を散らした。］

（安東みきえ「天のシーソー」ポプラ社）

(1) おにいさんが――①のようにしたのは、なぜですか。簡潔に書きなさい。

〔　　　〕

(2) ミオはおにいさんのことを、どんなふうに誤解していましたか。正しいものを次から一つ選び、記号で答えなさい。〔　　〕

ア おにいさんの傘ではなかったということ。
イ おにいさんがすごく不機嫌《ふきげん》だということ。
ウ おにいさんがわざと落としたということ。
エ おにいさんが自分を無視したということ。

(3) ――②「指でなぞって字を書いた」とありますが、なんと書いたのですか。本文中から書きぬきなさい。〔　　〕

(4) □の部分は、情景描写《びょうしゃ》です。ミオのどんな気持ちを表していますか。正しいものを次から一つ選び、記号で答えなさい。〔　　〕

ア 悲しい気持ち。　イ 幸せな気持ち。
ウ 感謝の気持ち。　エ 寂《さび》しい気持ち。

ヒント

1 (4) 情景描写とは、登場人物の心情を表す風景などの描写のことです。

解答→P.127

何問できた？　4問中　　問

読解

評論①

月　日

1 次の文章を読み、あとの問いに答えなさい。

現代の代表的な国語中辞典の一つで、「石」ということばが、どのように説明されているかを見てみよう。

〈①土や木より固く、水に沈《しず》み、砂より大きく、岩より小さいかたまり。〉

あまり引く人がいないからいいようなものの、この説明がいかに②不完全不適切なものかは一目瞭然《りょうぜん》である。意地悪く言えば、この説明に従えば鉄でも鉛《なまり》のかたまりでも石と呼べることになるし、ガラスでも骨でもみな石ということになりかねない。

［　］③もっと悪いことは、「石」ということばの意味がわからなくて、辞典を見た筈《はず》なのに、これを説明するために、「砂」や「岩」のようなことばが出てきて、しかもこの「砂」や「岩」は、実は「石」ということばを使わなければ、これまた説明できないという点である。

（鈴木孝夫「ことばと文化」岩波書店）

(1) ――①の説明に当てはまる、石以外のものを、文章中から四つ書きぬきなさい。

〔　　〕〔　　〕
〔　　〕〔　　〕

(2) ――②「不完全不適切」とありますが、筆者がそのように述べているのはなぜですか。（　）に当てはまる言葉を簡潔に答えなさい。

・石以外のものでも（　　　　）説明だから。

(3) ［　］に当てはまる接続語を選び、記号で答えなさい。〔　　〕

ア　このように　　イ　それでは
ウ　つまり　　エ　しかし

(4) ――③の「もっと悪いこと」とはどんなことを指していますか。最も適切なものを次から一つ選び、記号で答えなさい。〔　　〕

ア　「砂」や「岩」は石の仲間ではないこと。
イ　石も「砂」も「岩」も、すべて同じ説明になっていること。
ウ　石を知らなければ、石の意味がわからないこと。

＼ヒント／

1 (3)「もっと悪いことは……」と続くことに注目しましょう。

解答 → P.127

何問できた？　4問中　　問

評論②

月　日

1 次の文章を読み、あとの問いに答えなさい。

陸上にすんでいる動物にとって、水を手に入れるのは大変なことである。だから、水はなるべく捨てたくない。それなのに、①私たちは結構たくさんの尿《にょう》を出して、水をたくさん捨てている。②もったいない話である。③一方、ニワトリやトカゲは、尿をあまり出さない。ニワトリやトカゲが、イヌみたいに大量の尿を出している姿を見た人はいないはずだ。それは、尿素を尿酸に変える能力を進化させたからである。

つまり、哺乳類《ほにゅうるい》は両生類よりも陸上生活に適応しているが、④爬虫類《はちゅうるい》と鳥類は哺乳類よりもさらに陸上生活に適応しているのである。

（更科功「若い読者に贈《おく》る美しい生物学講義
——感動する生命のはなし」ダイヤモンド社）

(1) ——①「私たち」とは、何のことを指していますか。文章中から書きぬきなさい。

〔　　〕

(2) ——②「もったいない話」とは、「私たち」がどうすることを指していますか。文章中から十一字でぬき出し、初めと終わりの三字を書きなさい。

・□□□〜□□□こと。

(3) ——③「一方」は、どのような役割をもつ接続語ですか。次から一つ選び、記号で答えなさい。

ア 具体的な例　イ 前後の事柄《ことがら》の対比

ウ 前の事柄の要約　エ 前の事柄の説明

〔　　〕

(4) ——④について、筆者がそう考えるのはなぜですか。最も適切なものを次から一つ選び、記号で答えなさい。

ア 水をあまり捨てなくても生活できるから。

イ 水を簡単に手に入れられるから。

ウ 大量の尿を出すことができるから。

エ 水を大量に捨てても乾燥《かんそう》に強いから。

〔　　〕

ヒント

1 (4)「つまり」は、それより前の内容を言いかえるときに使われます。

何問できた？　4問中　　問

読解

古典①

月　日

1 「竹取物語」を、現代語訳と一緒《いっしょ》に読んでみましょう。

今は昔、竹取の翁《おきな》といふものありけり。野山にまじりて竹を取りつつ、よろづのことに使ひけり。名をば、さぬきのみやつことなむ A いひける。

その竹の中に、もと光る竹なむ一筋ありける。①あやしがりて、寄りて見るに、筒《つつ》の中光りたり。それを見れば、三寸ばかりなる人、いとうつくしうて B ゐたり。

（「竹取物語」より）

現代語訳

今ではもう昔のことだが、竹取の翁という人がいた。野山に分け入って竹を取っては、様々なことに使っていた。名前を、さぬきのみやつこといった。

（ある日）その竹の中に、根元が光っている竹が一本あった。不思議に思って近づいてみると、竹の筒の中が光っていた。それを見ると、三寸ほどの人が、とてもかわいらしい様子で座《すわ》っている。

★ 仮《か》名《な》遣《づか》いを直すときの主なルール

「はひふへほ」➡「わいうえお」　例 言ひけり→言いけり

「む」➡「ん」　例 なむ→なん

「ゐ・ゑ」➡「い・え」　例 ゐう→いう　など

(1) ——A「いひける」、B「ゐたり」を現代仮名遣いに直して、すべて平仮名で書きなさい。

A（　　　）

B（　　　）

＼ポイント／

動作の主語を捉《とら》えよう

古文を読むときは、誰《だれ》がどの動作を行ったのかに注目し、主語と述語を整理しながら読もう。

(2) ——①とは、誰の動作ですか。文章中から名前を書きぬきなさい。

（　　　）

何問できた？　3問中　　問

解答➡P.128

古典②

月　日

1 漢文「矛盾《むじゅん》」を現代語訳と一緒《いっしょ》に読んでみましょう。

楚《そ》人《ひと》に盾《たて》と矛《ほこ》とを鬻《ひさ》ぐ者あり。之《これ》を①誉《ほ》めて曰《い》はく、「吾《わ》が盾の堅《かた》きこと、能《よ》く陥《とほ》すもの莫《な》きなり。」と。又《また》、其《そ》の矛を誉めて曰はく、「吾が矛の利《と》きこと、物に於《お》いて陥さざる無きなり。」と。或《ある》ひと曰はく、「子《し》の矛を以《も》つて、子の盾を陥さば、何如《いかん》。」と。②其の人応《こた》ふること能《あた》はざるなり。

（矛盾「韓非子《かんぴし》」より）

現代語訳

楚の国の人に、盾と矛を売る者がいた。その盾を自慢《じまん》して、「私の盾の堅いことといったら、これを突《つ》き通すことができるものはない。」と言った。さらに、その矛を自慢して、「私の矛の鋭《するど》いことといったら、これで突き通せないものはない。」と言った。するとある人は、「あなたの矛であなたの盾を突き通そうとしたらどうなるんだ？」と聞いた。その商売人は、答えることができなかった。

やってみよう

(1) ——①「誉めて曰はく」とありますが、どういう意味ですか。正しいものを次から一つ選び、記号で答えなさい。〔　〕

ア 謙遜《けんそん》して言うには
イ 楽しげに言うには
ウ 自慢して言うには
エ 何気なく言うには

(2) ——②「其の人」は、誰《だれ》のことですか。本文中から漢字二字で書きぬきなさい。

(3) 「応ふること能はざるなり」とありますが、なぜ答えることができなかったのですか。正しいものを次から一つ選び、記号で答えなさい。〔　〕

ア 盾と矛のことを実はよく知らないことが露見《ろけん》してしまったから。
イ 自分の言葉が、つじつまが合わないことに気づかされたから。
ウ 自分で言ったことを試《ため》してみたことがなかったから。

何問できた？　3問中　　問

国語 20

数学 解答編

1 正《せい》の数《すう》・負《ふ》の数

1 (1) －20分　(2) －5cm高い

2 A…＋2　B…－3.5

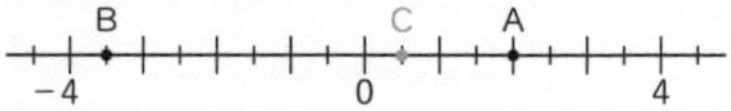

3 (1) ① 9　② 1.5

(2) －2、＋2

4 (1) ＋4＞－7　(2) －3＜－0.5＜0

解き方

1 反対の性質をもつ量は、符号を変えて表すことができる。

(1) 「後」は「前」の反対の意味を表すので、「－」を使って表す。

(2) 「低い」の反対の意味の「高い」に変えるので、5cmに「－」をつけて表す。

2 数直線の１めもりは0.5を表し、０より右側が正の数、０より左側が負の数になる。

A…０より右に４めもりなので、＋2

B…０より左に７めもりなので、－3.5

＋0.5は、0より右に1めもりのところになる。

3 (1) 「＋」や「－」をとったものが絶対値になる。

(2) 絶対値が２である数は、数直線上で０から２の距離にある。

4 (1) 正の数は負の数より大きい。

(2) 負の数は絶対値が大きいほど小さい。0.5＜3だから、－3＜－0.5、負の数は０より小さいから、－3＜－0.5＜0となる。

やりがちミス！

3 (2) 絶対値が２である数は正の数と負の数の２つあることに注意しよう。

2 加法

1 (1) －16　(2) ＋5　(3) ＋4

(4) 0　(5) －42　(6) －10

(7) ＋3　(8) －7

2 (1) ＋0.7　(2) －0.7

(3) $+\frac{1}{15}$　(4) $-\frac{5}{36}$

解き方

1 (1) (－4)＋(－12)
＝－(4＋12)
＝－16

(2) (＋7)＋(－2)
＝＋(7－2)
＝＋5

(4) 絶対値が等しい異符号の２数の和は０である。

(6) ０にどんな数を加えても、和は加えた数になる。

(7) (－5)＋(＋9)＋(－1)
＝(＋9)＋{(－5)＋(－1)}
＝(＋9)＋(－6)＝＋3

(8) (＋3)＋(－7)＋(－11)＋(＋8)
＝{(＋3)＋(＋8)}＋{(－7)＋(－11)}
＝(＋11)＋(－18)＝－7

2 (1) (－5.7)＋(＋6.4)
＝＋(6.4－5.7)
＝＋0.7

(2) (＋0.8)＋(－1.5)
＝－(1.5－0.8)
＝－0.7

(3) $\left(+\frac{2}{3}\right)+\left(-\frac{3}{5}\right)$
$=\left(+\frac{10}{15}\right)+\left(-\frac{9}{15}\right)$
$=+\left(\frac{10}{15}-\frac{9}{15}\right)$
$=+\frac{1}{15}$

(4) $\left(-\frac{7}{12}\right)+\left(+\frac{4}{9}\right)$
$=\left(-\frac{21}{36}\right)+\left(+\frac{16}{36}\right)$
$=-\left(\frac{21}{36}-\frac{16}{36}\right)$
$=-\frac{5}{36}$

3 減法

1 (1) －3　(2) ＋9　(3) －20

(4) －8　(5) 0　(6) ＋23

(7) ＋21　(8) －15

2 (1) －0.5　(2) －1.4

(3) $+\frac{25}{12}$　(4) $+\frac{2}{3}$

解き方

1 ひく数の符号を変えて、加法になおす。

(1) (－8)－(－5)
＝(－8)＋(＋5)
＝－3

(2) (＋2)－(－7)
＝(＋2)＋(＋7)
＝＋9

(3) (－11)－(＋9)
＝(－11)＋(－9)
＝－20

(4) (－4)－(＋4)
＝(－4)＋(－4)
＝－8

(5) (－5)－(－5)
＝(－5)＋(＋5)
＝0

(6) (＋6)－(－17)
＝(＋6)＋(＋17)
＝＋23

(7) ０からある数をひくことは、その数の符号を変えることと同じ。

(8) どんな数から０をひいても、差はもとの数。

2 (1) $(-0.4)-(+0.1)$
$=(-0.4)+(-0.1)$
$=-0.5$

(2) $(-3)-(-1.6)$
$=(-3)+(+1.6)$
$=-1.4$

(3) $\left(+\frac{4}{3}\right)-\left(-\frac{3}{4}\right)=\left(+\frac{16}{12}\right)-\left(-\frac{9}{12}\right)$
$=\left(+\frac{16}{12}\right)+\left(+\frac{9}{12}\right)=+\frac{25}{12}$

4 加法と減法

1 (1) -7、$+4$、-10
(2) $+5$、-9、-1

2 (1) 3 (2) -2 (3) -3
(4) -1 (5) -2.3 (6) 0.8
(7) $\frac{4}{15}$ (8) $-\frac{13}{36}$

解き方

1 加法だけの式になおして、符号のついた数がその式の項になる。
(2) $5-9-1=\underset{項}{\underline{(+5)}}+\underset{項}{\underline{(-9)}}+\underset{項}{\underline{(-1)}}$

2 まず、同じ符号の項を集めて計算する。
(1) $9-3+1-4$
$=9+1-3-4$
$=10-7$
$=3$

(3) $-4-(+1)+5+(-3)$
$=-4-1+5-3$
$=5-4-1-3$
$=5-8=-3$

(5) $1.3-2.8-0.8=1.3-3.6$
$=-2.3$

(6) $-2.7+(-1.9)-(-5.4)$
$=-2.7-1.9+5.4$
$=-4.6+5.4=0.8$

(7) $\frac{1}{2}-\frac{2}{5}+\frac{1}{6}=\frac{15}{30}-\frac{12}{30}+\frac{5}{30}$
$=\frac{8}{30}=\frac{4}{15}$

(8) $-\frac{3}{4}-\left(-\frac{5}{6}\right)+\left(-\frac{4}{9}\right)=-\frac{3}{4}+\frac{5}{6}-\frac{4}{9}$
$=-\frac{27}{36}+\frac{30}{36}-\frac{16}{36}$
$=-\frac{13}{36}$

5 乗法

1 (1) 14 (2) -45 (3) 240
(4) -630 (5) -1 (6) 8

2 (1) -16 (2) 0.36 (3) -54
(4) -100

解き方

1 負の数の個数で積の符号を決める。
偶数個→＋、奇数個→－
(1) $(-2)\times(-7)$
$=+(2\times7)$
$=14$

(2) $5\times(-9)$
$=-(5\times9)$
$=-45$

(3) $(-4)\times12\times(-5)$
$=+(4\times12\times5)=240$

(4) $(-3)\times15\times(-2)\times(-7)$
$=-(3\times15\times2\times7)=-630$

(5) $(-2.5)\times0.4=-(2.5\times0.4)=-1$

(6) $\left(-\frac{12}{5}\right)\times6\times\left(-\frac{5}{9}\right)=+\left(\frac{12}{5}\times6\times\frac{5}{9}\right)=8$

2 (1) $-4^2=-(4\times4)=-16$
(2) $(-0.6)^2=(-0.6)\times(-0.6)=0.36$
(3) $2\times(-3)^3=2\times(-27)=-54$
(4) $(-5)^2\times(-2^2)$
$=(-5)\times(-5)\times\{-(2\times2)\}$
$=25\times(-4)=-100$

やりがちミス!

2 (1) × $-4^2=(-4)\times(-4)=16$
-4^2は、4の2乗に負の符号をつけたもの。$(-4)^2$との違いに注意。

6 除法

1 (1) 4 (2) -7 (3) -6
(4) -3 (5) 0 (6) 9

2 (1) $-\frac{16}{25}$ (2) $\frac{1}{8}$ (3) 2
(4) $-\frac{27}{2}$

解き方

1 (1) $(-12)\div(-3)$
$=+(12\div3)$
$=4$

(2) $(+28)\div(-4)$
$=-(28\div4)$
$=-7$

(3) $(-36)\div(+6)$
$=-(36\div6)$
$=-6$

(4) $24\div(-8)$
$=-(24\div8)$
$=-3$

(5) $0\div(-9)=0$

(6) $(-4.5)\div(-0.5)=+(4.5\div0.5)$
$=9$

2 わる数を逆数にしてかける。
(1) $\frac{2}{5}\div\left(-\frac{5}{8}\right)=\frac{2}{5}\times\left(-\frac{8}{5}\right)=-\frac{16}{25}$
(2) $\left(-\frac{3}{4}\right)\div(-6)=\left(-\frac{3}{4}\right)\times\left(-\frac{1}{6}\right)=\frac{1}{8}$

(3) $\left(-\frac{5}{3}\right)\div\left(-\frac{5}{6}\right)=\left(-\frac{5}{3}\right)\times\left(-\frac{6}{5}\right)=2$

(4) $12\div\left(-\frac{8}{9}\right)=12\times\left(-\frac{9}{8}\right)=-\frac{27}{2}$

ここも大事!

整数の逆数

❷ (2) -6 の逆数は $-\frac{1}{6}$ になる。符号は逆にならないので、負の数の逆数も負の数。

7 乗法と除法

❶ (1) 3　(2) $-\frac{21}{2}$　(3) 1　(4) $-\frac{28}{5}$　(5) $-\frac{10}{3}$　(6) $\frac{5}{8}$　(7) 12　(8) $\frac{4}{3}$

解き方

❶ 乗法だけの式になおしてから計算する。

(1) $(-4)\div\frac{2}{3}\times\left(-\frac{1}{2}\right)=(-4)\times\frac{3}{2}\times\left(-\frac{1}{2}\right)$
$=+\left(4\times\frac{3}{2}\times\frac{1}{2}\right)=3$

(2) $(-9)\div(-12)\times(-14)$
$=(-9)\times\left(-\frac{1}{12}\right)\times(-14)$
$=-\left(9\times\frac{1}{12}\times14\right)=-\frac{21}{2}$

(3) $\frac{5}{4}\times\left(-\frac{3}{10}\right)\div\left(-\frac{3}{8}\right)=\frac{5}{4}\times\left(-\frac{3}{10}\right)\times\left(-\frac{8}{3}\right)$
$=+\left(\frac{5}{4}\times\frac{3}{10}\times\frac{8}{3}\right)=1$

(5) $\frac{10}{9}\div\left(-\frac{2}{5}\right)\div\frac{5}{6}=\frac{10}{9}\times\left(-\frac{5}{2}\right)\times\frac{6}{5}$
$=-\left(\frac{10}{9}\times\frac{5}{2}\times\frac{6}{5}\right)=-\frac{10}{3}$

(6) $\left(-\frac{4}{3}\right)\div\left(-\frac{8}{15}\right)\div4=\left(-\frac{4}{3}\right)\times\left(-\frac{15}{8}\right)\times\frac{1}{4}$
$=+\left(\frac{4}{3}\times\frac{15}{8}\times\frac{1}{4}\right)=\frac{5}{8}$

(7) $(-16)\times(-3)^2\div(-12)$
$=(-16)\times9\times\left(-\frac{1}{12}\right)$
$=+\left(16\times9\times\frac{1}{12}\right)=12$

(8) $24\div\left(-\frac{9}{2}\right)\div(-2^2)=24\div\left(-\frac{9}{2}\right)\div(-4)$
$=24\times\left(-\frac{2}{9}\right)\times\left(-\frac{1}{4}\right)=+\left(24\times\frac{2}{9}\times\frac{1}{4}\right)=\frac{4}{3}$

8 四則の混じった計算

❶ (1) -6　(2) -14　(3) -2　(4) 24　(5) -2　(6) -11　(7) -1　(8) -34

解き方

❶ 累乗→かっこの中→乗除→加減の順に計算する。

(1) $6+(-4)\times3=6+(-12)=-6$

(2) $-10+8\div(-2)=-10+(-4)=-14$

(3) $18\div(5-14)=18\div(-9)=-2$

(4) $(-7+3)\times(-6)=-4\times(-6)=24$

(5) $(-3)\times(-2)^2-(-10)=(-3)\times4-(-10)$
$=-12-(-10)=-2$

(6) $(-4^2)\div8+(-9)=(-16)\div8+(-9)$
$=(-2)+(-9)=-11$

(7) $\left(\frac{7}{12}-\frac{5}{8}\right)\times24$
$=\frac{7}{12}\times24-\frac{5}{8}\times24=14-15=-1$

(8) $(-60)\times\left(\frac{1}{5}+\frac{11}{30}\right)$
$=(-60)\times\frac{1}{5}+(-60)\times\frac{11}{30}=-12-22=-34$

ここも大事!

分配法則を利用して計算

❶ (7) $(a+b)\times c=a\times c+b\times c$ を利用。
(8) $a\times(b+c)=a\times b+a\times c$ を利用。

9 素《そ》数《すう》と素《そ》因数分解《いんすうぶんかい》

❶ 2、7、19、31、43

❷ (1) $2^3\times3$　(2) $2^2\times3^2$　(3) $2\times3^2\times5$　(4) $2^2\times5\times7$　(5) $2\times3^2\times11$　(6) $2^2\times3\times5\times7$

❸ 6

解き方

❷ 小さい素数から順にわっていく。

(1) $2\overline{)\,24}$, $2\overline{)\,12}$, $2\overline{)\,6}$, 3

(2) $2\overline{)\,36}$, $2\overline{)\,18}$, $3\overline{)\,9}$, 3

(3) $2\overline{)\,90}$, $3\overline{)\,45}$, $3\overline{)\,15}$, 5

(4) $2\overline{)\,140}$, $2\overline{)\,70}$, $5\overline{)\,35}$, 7

(5) $2\overline{)\,198}$, $3\overline{)\,99}$, $3\overline{)\,33}$, 11

(6) $2\overline{)\,420}$, $2\overline{)\,210}$, $3\overline{)\,105}$, $5\overline{)\,35}$, 7

❸ $54=2\times3^3$ だから、$2\times3=6$ でわれば3の2乗になる。

$$\begin{array}{r|l} 2 & 54 \\ 3 & 27 \\ 3 & 9 \\ & 3 \end{array}$$

やりがちミス!

❶ 1とその数自身の積でしか表せない自然数が素数である。1は素数ではないことに注意。

10 正の数・負の数の利用

❶ (1) 21点　(2) 1.5点
(3) 31.5点

❷ (1) 80冊　(2) 81.4冊

解き方

❶ (1) 基準との差から求める。
$(+12)-(-9)=21$(点)
(2) $\{(+12)+(-9)+(-4)+(+7)\}\div4$
$=6\div4=1.5$(点)
(3) 基準とした点に基準との差の平均をたして、4人の得点の平均を求める。
$30+1.5=31.5$(点)

❷ (1) 火曜日の冊数が72冊で、これは月曜日の−8冊なので、月曜日の冊数は $72-(-8)=80$(冊)
(2) 基準との差の平均は、
$\{0+(-8)+(+11)+(-16)+(+20)\}\div5$
$=7\div5=1.4$(冊)
よって、月曜日から金曜日までに借りられた本の冊数の平均は、
$80+1.4=81.4$(冊)

11 文字式の表し方(積と商)

❶ (1) $-2a$　(2) $3xy$　(3) $-b^3$
(4) $\dfrac{m}{n}$　(5) $-\dfrac{5c}{7}$　(6) $\dfrac{x-y}{9}$
(7) $-\dfrac{x}{y}-z$　(8) $-4a+\dfrac{b}{8}$

❷ (1) $4\times x\times y$　(2) $-1\times a\times a$
(3) $2\times x\div3$　(4) $7\div m$

解き方

❶ 数は文字の前に書き、文字はふつうアルファベット順に書く。
(3) 1ははぶくが、−ははぶけない。同じ文字の積は累乗の指数を使って表す。
(4) 除法はわる数(式)を分母、わられる数(式)を分子とする分数の形で表す。
(6) (　)のついた式全体が分母や分子になるときは、(　)をとる。
(7) ×、÷の記号ははぶけるが、+、−の記号ははぶけない。

❷ (1)(2) はぶかれていた×を書く。
(3)(4) 分数をわり算になおす。

12 文字式の表し方(数量)

❶ (1) $120a$円
(2) $\dfrac{x}{5}$m $\left(\dfrac{1}{5}x\text{m}も可\right)$
(3) $12m+n$(円)
(4) $\dfrac{8}{b}$時間
(5) $\dfrac{4}{5}c$円 ($0.8c$円も可)
(6) $ah\,\text{cm}^2$
(7) $x+\dfrac{y}{1000}$(kg)
($1000x+y$(g)も可)

❷ (1) ノート3冊の代金
(2) ノート5冊と鉛筆2本の代金

解き方

❶ ことばの式に文字や数をあてはめ、×や÷の記号をはぶいて表す。
(1) (代金)=(単価)×(個数)
(3) 12枚のクッキーと箱の代金をあわせて、
$m\times12+n=12m+n$(円)
(4) (時間)=(道のり)÷(速さ)
(5) 20%を分数で表すと $\dfrac{20}{100}=\dfrac{1}{5}$ だから、c円の20%引きは　$c\times\left(1-\dfrac{1}{5}\right)=\dfrac{4}{5}c$(円)
(6) (平行四辺形の面積)=(底辺)×(高さ)
(7) ケースの重さをkgの単位で表すと、
$y\,\text{g}=\dfrac{y}{1000}\,\text{kg}$
全体の重さをkgで表すと、$x+\dfrac{y}{1000}$(kg)

❷ 与えられた式を、ことばを使って表す。
(2) $5a+2b=\underbrace{5\times a}_{\text{ノート5冊の代金}}+\underbrace{2\times b}_{\text{鉛筆2本の代金}}$

13 式の値・項《こう》と係数・1次式

1 (1) 18　(2) -3

2 (1) 2　(2) 0

3 (1) -30　(2) 7

4 (1) 項…$2a$、b　係数…2、1

(2) 項…$\frac{x}{6}$、$-5y$　係数…$\frac{1}{6}$、-5

5 ア、オ、カ

解き方

❶ 式の中の文字 a に 4 を代入して計算する。

(1) $4a+2=4\times4+2=16+2=18$

(2) $9-3a=9-3\times4=9-12=-3$

❷ 負の数はかっこをつけて代入する。

(1) $8x^2=8\times\left(-\frac{1}{2}\right)\times\left(-\frac{1}{2}\right)=2$

(2) $12x+6=12\times\left(-\frac{1}{2}\right)+6=-6+6=0$

❸ (1) $4x-3y=4\times(-3)-3\times6=-12-18=-30$

(2) $-x+\frac{2}{3}y=-(-3)+\frac{2}{3}\times6=3+4=7$

文字が2つある式では、代入する文字の値をとりちがえないようにすること。

❹ まず、式を×と÷の記号を使って表す。

(2) $\frac{x}{6}-5y=x\div6+(-5)\times y=x\times\frac{1}{6}+(-5)\times y$

だから、x の係数は $\frac{1}{6}$、y の係数は -5

❺ 1次の項だけか、1次の項と数の項の和でできているのが1次式である。

イ m^2 は $m\times m$ で、文字を2つふくむ項なので、1次式ではない。

ウ ab は文字を2つふくむ項　**エ** 数の項だけ

14 加法と減法①

1 (1) $11x$　(2) $-7a$

(3) $-10y$　(4) $-x$

(5) $-0.8a$　(6) $-\frac{5}{12}m$

2 (1) $9x+6$　(2) $a+5$

(3) -5　(4) $5m+4$

(5) $-0.1x+0.2$　(6) $-\frac{11}{6}b-\frac{2}{3}$

解き方

❶ 文字の項をまとめるときは、係数どうしを計算して、文字の前に書く。

(1) $6x+5x=(6+5)x=11x$

(3) $-14y-(-4y)=-14y+4y=-10y$

(5) $0.2a-a=(0.2-1)a=-0.8a$

(6) $-\frac{2}{3}m+\frac{1}{4}m=\left(-\frac{8}{12}+\frac{3}{12}\right)m=-\frac{5}{12}m$

❷ 同じ文字の項どうし、数の項どうしをそれぞれまとめる。

(1) $3x+1+6x+5=3x+6x+1+5$
$=9x+6$

(3) $-7y-9+4+7y=-7y+7y-9+4=-5$

(4) $15m-4-9m+8-m=15m-9m-m-4+8$
$=5m+4$

(5) $0.2x-0.6-0.3x+0.8=0.2x-0.3x-0.6+0.8$
$=-0.1x+0.2$

(6) $-\frac{1}{2}b-\frac{5}{6}+\frac{1}{6}-\frac{4}{3}b=-\frac{1}{2}b-\frac{4}{3}b-\frac{5}{6}+\frac{1}{6}$
$=\left(-\frac{3}{6}-\frac{8}{6}\right)b-\frac{4}{6}$
$=-\frac{11}{6}b-\frac{2}{3}$

15 加法と減法②

1 (1) $7a+11$　(2) $2x-6$

(3) $-y+12$　(4) $8m+2$

(5) 7　(6) $10x-10$

(7) $11x-2$　(8) $5x-8$

2 (1) $0.4a+0.2$　(2) $0.7x-0.6$

(3) $y+7$　(4) $-\frac{1}{14}b-2$

解き方

❶ 加法はそのままかっこをはずし、項をまとめて簡単にする。減法はひく式の各項の符号を変えて加える。

(1) $(5a+8)+(2a+3)$
$=5a+8+2a+3$
$=5a+2a+8+3$
$=7a+11$

(3) $(4+6y)+(8-7y)$
$=4+6y+8-7y$
$=6y-7y+4+8$
$=-y+12$

(4) $(9m+3)-(m+1)$
$=9m+3-m-1$
$=9m-m+3-1$
$=8m+2$

(5) $(5y-11)-(5y-18)$
$=5y-11-5y+18$
$=5y-5y-11+18$
$=7$

❷ (2) $(1.5x-1.6)-(0.8x-1)=1.5x-1.6-0.8x+1$
$=1.5x-0.8x-1.6+1=0.7x-0.6$

(3) $\left(\frac{1}{5}y+3\right)+\left(\frac{4}{5}y+4\right)=\frac{1}{5}y+3+\frac{4}{5}y+4$
$=\frac{1}{5}y+\frac{4}{5}y+3+4=y+7$

(4) $\left(\frac{1}{7}b+9\right)-\left(11+\frac{3}{14}b\right)=\frac{1}{7}b+9-11-\frac{3}{14}b$
$=\frac{1}{7}b-\frac{3}{14}b+9-11=\frac{2}{14}b-\frac{3}{14}b+9-11$
$=-\frac{1}{14}b-2$

16 乗法と除法①

❶ (1) $-21x$ (2) $25a$
(3) $3y$ (4) $10b$

❷ (1) $-5+x$ (2) $4a+8$
(3) $-3x+27$ (4) $5x+12$
(5) $-x-2$ (6) $3a-5$
(7) $-9-3y$ (8) $4a-20$

解き方

❶ (2) $-\frac{5}{4}a\times(-20)$
$=-\frac{5}{4}\times(-20)\times a$
$=25a$

(4) $-6b\div\left(-\frac{3}{5}\right)$
$=-6b\times\left(-\frac{5}{3}\right)$
$=-6\times\left(-\frac{5}{3}\right)\times b$
$=10b$

❷ (3) $(x-9)\times(-3)$
$=x\times(-3)-9\times(-3)$
$=-3x+27$

(4) $15\left(\frac{1}{3}x+\frac{4}{5}\right)$
$=15\times\frac{1}{3}x+15\times\frac{4}{5}$
$=5x+12$

(6) $(18a-30)\div 6$
$=\frac{18a}{6}-\frac{30}{6}$
$=3a-5$

(8) $(3a-15)\div\frac{3}{4}$
$=(3a-15)\times\frac{4}{3}$
$=3a\times\frac{4}{3}-15\times\frac{4}{3}$
$=4a-20$

17 乗法と除法②

❶ (1) $3x+5$ (2) $6x+9$
(3) $-5y-25$ (4) $-8a+27$

❷ (1) $-5x-20$ (2) $10a-2$
(3) $8x-23$ (4) $x-10$
(5) $-4y+22$ (6) $\frac{5x-1}{6}$

解き方

❶ (2) $6\times\frac{2x+3}{2}$
$=3(2x+3)$
$=6x+9$

(4) $\left(\frac{8}{3}a-9\right)\div\left(-\frac{1}{3}\right)$
$=\left(\frac{8}{3}a-9\right)\times(-3)$
$=\frac{8}{3}a\times(-3)-9\times(-3)$
$=-8a+27$

❷ (1) $5(x-4)-10x$
$=5x-20-10x=-5x-20$
(2) $4a+2(3a-1)$
$=4a+6a-2=10a-2$
(4) $7(x-4)-2(3x-9)$
$=7x-28-6x+18=x-10$
(5) $4\left(\frac{1}{2}y+1\right)-9\left(\frac{2}{3}y-2\right)$
$=2y+4-6y+18=-4y+22$
(6) $\frac{x-2}{3}+\frac{x+1}{2}=\frac{2(x-2)+3(x+1)}{6}$
$=\frac{2x-4+3x+3}{6}=\frac{5x-1}{6}$

18 関係を表す式

❶ (1) $4x+200=800$
(2) $26-x=8$
(3) $a-5=3b$
(4) $y=3x$

❷ (1) $m+5<2m$
(2) $200x+400\geqq y$
(3) $12-3a\leqq b$
(4) $\frac{a+b+c}{3}\geqq 70$

解き方

❶ ことばの式に数や文字をあてはめて、等しい数量を表す式を等号で結ぶ。
等号を使って、数量の等しい関係を表した式を等式という。
(1) (代金の合計)
=(ペン4本の代金)+(ノート1冊の代金)
(4) (道のり)=(速さ)×(時間)

❷ 数量の大小関係を読み取り、ことばの式に数や文字をあてはめて、不等号で結ぶ。
不等号を使って、数量の大小関係を表した式を不等式という。
(1) mに5を加えた数は、mの2倍より小さい。
→ $m+5$ $<2m$
(4) 3回のテストの平均点は $\frac{a+b+c}{3}$(点)で、これが70点以上である。

ここも大事！

不等号

- a は b 以上…$a \geqq b$
- a は b 以下…$a \leqq b$
- a は b より大きい…$a > b$
- a は b 未満…$a < b$

19 方程式の解き方①

1 1

2 (1) $x=6$ (2) $x=-3$

(3) $x=-7$ (4) $x=12$

(5) $x=3$ (6) $x=-\frac{1}{2}$

解き方

1 -1、0、1を x に代入して、(左辺)=(右辺)が成り立つかどうかを調べる。

$x=-1$ のとき、左辺 $=6\times(-1)-1=-7$

$x=0$ のとき、左辺 $=6\times0-1=-1$

$x=1$ のとき、左辺 $=6\times1-1=5$

2 (1)
$$x-4=2$$
$$x-4+4=2+4$$
$$x=6$$

(2)
$$x-7=-10$$
$$x-7+7=-10+7$$
$$x=-3$$

(3)
$$5+x=-2$$
$$5+x-5=-2-5$$
$$x=-7$$

(4)
$$\frac{x}{3}=4$$
$$\frac{x}{3}\times3=4\times3$$
$$x=12$$

(5)
$$8x=24$$
$$\frac{8x}{8}=\frac{24}{8}$$
$$x=3$$

(6)
$$-6x=3$$
$$\frac{-6x}{-6}=\frac{3}{-6}$$
$$x=-\frac{1}{2}$$

やりがちミス！

2 (1)は、$x=\square$ の形にするとき、$x-4+4=2$ としてはいけない。両辺に同じ数をたすこと。

20 方程式の解き方②

1 (1) $x=3$ (2) $x=-3$

(3) $x=-7$ (4) $x=6$

(5) $x=\frac{5}{6}$ (6) $x=-3$

(7) $x=8$ (8) $x=-2$

解き方

1 (1)
$$7x-5=16$$
$$7x=16+5$$
$$7x=21$$
$$x=3$$

(2)
$$2-3x=11$$
$$-3x=11-2$$
$$-3x=9$$
$$x=-3$$

(3)
$$3x=5x+14$$
$$3x-5x=14$$
$$-2x=14$$
$$x=-7$$

(4)
$$2x+12=4x$$
$$2x-4x=-12$$
$$-2x=-12$$
$$x=6$$

(5)
$$x+11=-5x+16$$
$$x+5x=16-11$$
$$6x=5$$
$$x=\frac{5}{6}$$

(6)
$$3x-4=5x+2$$
$$3x-5x=2+4$$
$$-2x=6$$
$$x=-3$$

(7)
$$-4+8x=12+6x$$
$$8x-6x=12+4$$
$$2x=16$$
$$x=8$$

(8)
$$3-6x=2x+19$$
$$-6x-2x=19-3$$
$$-8x=16$$
$$x=-2$$

やりがちミス！

移項するときは、移項する式や数の符号を変えるのを忘れないように注意すること。

社会 解答編

1 世界の大陸と地域区分

1 (1) A…ユーラシア
B…アフリカ
C…南極
D…南アメリカ

(2) X…インド洋
Y…太平洋
Z…大西洋

(3) アジアとヨーロッパ（順不同）

(4) オセアニア

解き方

1 (1) 世界の大陸は、次の六つに分けられる。
ユーラシア大陸、アフリカ大陸、南極大陸、北アメリカ大陸、南アメリカ大陸、オーストラリア大陸。

(2) 三大洋のうち、もっとも面積が広いのが太平洋、その次が大西洋である。

ここも大事！

海洋と陸地の面積の割合

海洋の面積と陸地の面積→およそ７対３
地球は海の面積が広い

2 緯度《いど》と経度《けいど》

1 (1) 北極点《ほっきょくてん》

(2) Bの経線…本初子午線《ほんしょしごせん》
国…イギリス

(3) 180　(4) ウ　(5) ア

(6) 北半球

解き方

1 (1) 北極点は、北緯90度の地点のことである。

(2) 本初子午線は、イギリスのロンドンを通っている。

(3) ０度の経線の反対は180度の経線となる。

(4) ０度の緯線を赤道《せきどう》という。

(5) 図中の緯線と経線はそれぞれ20度ごとに引かれている。

3 地球儀《ちきゅうぎ》と世界地図

1 (1) 地球儀　(2) 世界地図

2 (1) ①北東　②ブエノスアイレス

(2) ①緯度　②大きく

解き方

1 (1)(2) 地球儀は、距離《きょり》や方位、大陸の形などを１つに正しく表すことができる模型であるが、持ち運びにくいという欠点がある。

2 (2) ＸよりもＹの方が実際の面積は広いが、地図Ⅱでは X の方が広く見える理由を考える。

4 世界のいろいろな国

1 (1) ①島国《しまぐに》（海洋国《かいようこく》）　②内陸国《ないりくこく》

(2) A…イ　B…ア　C…ウ

(3) ①エクアドル　②ロシア（連邦《れんぽう》）
③中国

解き方

1 (2) Aの国境線は、緯線《いせん》や経線《けいせん》に沿って直線的に引かれている。Bの国境線の一部は、リオグランデ川に沿って引かれている。Cの国境線は、アンデス山脈に沿って引かれたものである。

5 日本の位置と時差

1 (1) ①東　②東経　③北緯

(2) 東経135度　(3) 日付変更線《ひづけへんこうせん》

(4) C→B→A　(5) 9

解き方

1 (2) 兵庫県明石《あかし》市を通る経線である。

(4) [X]の線の西側では、西にいくほど時刻が遅《おそ》くなる。

(5) 時差は、「２地点間の経度差÷15(度)」で求める。
東経135度と０度の経度差は、135－0＝135
経度15度ごとに１時間の時差が生じるから、
135÷15＝9で、[Y]と[Z]の時差は９時間となる。

ここも大事！

日付変更線の役割

・東から西へこえる場合→日付を１日進ませる。
・西から東へこえる場合→日付を１日遅《おく》らせる。

6 47都道府県と地方区分

1 (1) 本州

(2) ①北端の島…エ
南端の島…ア
②北端の島…北海道
南端の島…東京都

2 (1) 関東

(2) Y…仙台《せんだい》 Z…盛岡《もりおか》

(3) 愛知県

解き方

1 (2) ①イの南鳥島は、日本の東端に位置する島で東京都に属する。ウの与那国島は、日本の西端に位置する島で沖縄県に属する。

2 (2) 地図中のYは宮城県、Zは岩手県である。

(3) 愛知県の県庁所在地は名古屋《なごや》市である。

やりがちミス!

2 (3) 地域区分と県名をまちがえないようにしよう。

中部地方で、県名と県庁所在地名が異なる県

東海(地域)	中央高地(地域)	北陸(地域)
愛知県 (名古屋市)	山梨県 (甲府《こうふ》市)	石川県 (金沢《かなざわ》市)

7 世界のさまざまな気候

1 (1) A…熱帯《ねったい》 B…乾燥帯《かんそうたい》
C…温帯《おんたい》 D…冷帯《れいたい》

(2) ア (3) サバナ気候

解き方

1 (1) 主に、赤道《せきどう》付近は熱帯。赤道から緯度《いど》が高くなるほど、乾燥帯→温帯→冷帯(亜寒帯《あかんたい》)→寒帯となっていく。

(2) 降水量が少ない**ウ**は乾燥帯、冬の気温が低い**イ**が冷帯(亜寒帯)、気温が高くて降水量も多い**ア**が熱帯、残る**エ**が温帯である。

(3) ステップ気候は乾燥帯に属する気候で、一年で少しだけ雨が降り、草原が広がる。

ツンドラ気候は寒帯に属する気候で、一年中寒いが夏の間だけ氷がとけ、こけ類が生える。

8 暑い地域と寒い地域にくらす人々

1 (1) ①C ②A ③B

(2) ①ウ ②ア (3) イ

解き方

1 (1)(2) 一年を通して気温が高く、降水量が多いAの熱帯(熱帯雨林気候)の地域では、一年中樹木が生いしげっている。そのため、伝統的に住居の材料として葉や木材が使われてきた。

(3) Bの冷帯(亜寒帯)地域は、冬の寒さが厳しく、凍《こお》った土が広がっている。これが室内からの熱でとけてしまうと建物がゆがんでしまう。よって、**イ**が正答。**ア**は、Aの熱帯(熱帯雨林気候)の地域の伝統的な床《ゆか》を高くした住居の説明。

9 温暖な地域と乾燥《かんそう》した地域、高地にくらす人々

1 (1) 地中海性《ちちゅうかいせい》気候

(2) ①遊牧《ゆうぼく》 ②オアシス

(3) ①X
②リャマとアルパカ(順不同)

解き方

1 (1) 地中海に面する地域について説明している。

(3)① 標高が高い地域の気候を高山《こうざん》気候といい、同緯度の低地よりも気温が低くなる。

② リャマは荷物の運搬《うんぱん》のため、アルパカは毛から衣服などをつくるために飼育されている。

10 世界のさまざまな宗教

1 (1) A…キリスト教 B…イスラム教
C…仏教

(2) キリスト教…ア イスラム教…ウ
仏教…イ

(3) イ

解き方

1 (1) ヨーロッパ、南北アメリカ、オーストラリアで信仰《しんこう》が多いAはキリスト教。中央アジア、西アジア、アフリカ北部で信仰が多いBはイスラム教。仏教はタイや東アジアなどで多く信仰される。

(3) **ア**はイスラム教、**ウ**はキリスト教に関する文。

11 人類のおこりと古代文明

1 (1) イ→ウ→ア
(2) A…打製《だせい》 B…磨製《ませい》

2 (1) X…メソポタミア
Y…インダス
Z…エジプト
(2) ウ (3) 甲骨《こうこつ》

解き方

1 (1) 猿人《えんじん》は約700万年前、原人は約250万年前、新人(ホモ・サピエンス)は約20万年前に現れた。

2 (1) X・Y・Zの文明は、大河の流域で栄えた。川と文明をセットでおぼえよう。
(2) **ア**はエジプト文明、**イ**はインダス文明、**ウ**はメソポタミア文明の内容。
(3) 紀元前16世紀ごろ、黄河《こうが》流域でおこった殷《いん》(商《しょう》)という国で、政治などをうらなった結果が、亀《かめ》の甲《こう》や牛の骨《ほね》に甲骨《こうこつ》文字で刻まれた。

12 古代の世界と宗教のおこり

1 (1) 儒教《じゅきょう》(儒学) (2) ウ
(3) シルクロード(絹の道)
(4) ローマ

2 (1) 宗教…イスラム
人物…ムハンマド
(2) ア

解き方

1 (2) 初めて中国を統一した秦《しん》の王は自らを「皇帝《こうてい》」となのった。
(4) ローマ帝国は、領土をヨーロッパ北部にまで広げ、高度な文明を築いた。

2 (2) 地図中の**Y**でおこった宗教は仏教である。**イ**はキリスト教、**ウ**はイスラム教の説明。

ここも大事!

古代中国の国(王朝)

紀元前3世紀、秦が中国を統一

・文字、貨幣《かへい》、長さ・容積・重さの単位の統一。北方からの侵入を防ぐため、万里《ばんり》の長城《ちょうじょう》を改修。

→**紀元前2世紀、漢《かん》(前漢)が中国を統一**

・西方と交易するため、陸の交通路であるシルクロード(絹《きぬ》の道)を整備。

13 日本の原始時代

1 (1) ウ→ア→イ (2) イ

2 (1) 縄文土器《じょうもんどき》 (2) 貝塚《かいづか》
(3) 名称《めいしょう》…土偶《どぐう》 記号…イ

解き方

1 (1) 氷期が終わって温暖になると、海水面が上昇し、日本列島は大陸から切り離された。
(2) 岩宿遺跡《いわじゅくいせき》で打製石器などが発見されたことで、日本にも旧石器時代があったことがわかった。

2 (1) 土器に縄目の文様があったことから、縄文土器と呼ばれる。

やりがちミス!

2 (3) 古墳《こふん》時代に古墳の表面にならべられた埴輪《はにわ》とまちがえないようにしよう。

14 弥生《やよい》時代

1 (1) エ (2) ウ

2 (1) ウ (2) ①卑弥呼《ひみこ》 ②イ

解き方

1 (2) 「後漢書《ごかんじょ》」東夷伝《とういでん》に、倭《わ》(日本)の奴国《なこく》の王が漢の皇帝《こうてい》から金印などを授かったと記されている。

2 (1) 縄文時代の後半、大陸から伝わった稲作《いなさく》が各地に広まり、これまでの狩猟《しゅりょう》や採集が中心の生活から、集団で稲作などを行うようになった。
(2)② 資料は、中国の歴史書である「魏志倭人伝《ぎしわじんでん》」に記されたもの。

15 古墳《こふん》時代と国土の統一

1 (1) 大和《やまと》政権(ヤマト王権)
(2) 前方後円墳《ぜんぽうこうえんふん》
(3) イ (4) ア (5) 渡来人《とらいじん》

解き方

1 (2) 後方部が円形で、前方部が方形の古墳である。
(3) 地図からは、前方後円墳の広がりが読み取れる。大和政権(ヤマト王権)の王は、九州地方から東北地方南部までの有力豪族を従えていた。
(4) 埴輪は素焼きの土製品で、多くの種類がある。**イ**は祭りで使われた青銅器《せいどうき》、**ウ**は稲《いね》の穂《ほ》をつむ道具、**エ**は黄金でつくられた印章。

16 大化《たいか》の改新への道のり

1 (1) 十七条の憲法　(2) ウ
(3) 法隆寺《ほうりゅうじ》　(4) 大化の改新
(5) 白村江《はくすきのえ》《はくそんこう》の戦い

解き方

1 (2) **ア**は飛鳥《あすか》時代、聖徳太子《しょうとくたいし》に協力していた有力豪族《ごうぞく》。**イ**は対立していた蘇我馬子《そがのうまこ》に敗れた人物。

(3) 聖徳太子によって建立された奈良県にある寺院である。

(4) これまで各地の豪族が支配していた土地と人々を、公地・公民として国家が直接支配する方針が示された。

(5) 唐《とう》と新羅《しらぎ》にほろぼされた百済《くだら》を復興させるために、中大兄《なかのおおえの》皇子が大軍を送ったが、唐と新羅の連合軍に大敗したできごと。

ここも大事!

冠位《かんい》十二階の制度

家柄《いえがら》や身分に関係なく、優秀な人材を役人に登用するため、聖徳太子が定めた階級制度。かんむりの色などで階級を示した。

17 律令《りつりょう》国家の成立

1 (1) 壬申《じんしん》の乱　(2) 大宝律令《たいほうりつりょう》
(3) 平城京《へいじょうきょう》　(4) 口分田《くぶんでん》
(5) ウ
(6) X…イ　Y…ウ　Z…ア

解き方

1 (1) 天智《てんじ》天皇の子である大友《おおともの》皇子と、天智天皇の弟である大海人《おおあまの》皇子との間で起こった皇位継承《けいしょう》をめぐる争い。

(2) 唐《とう》の律令にならってつくられたもの。律令国家のもとでは、太政官や八省など、多くの役所が設けられた。

(3) 710年、元明《げんめい》天皇が平城京に都を移し、784年に桓武《かんむ》天皇が長岡京《ながおかきょう》に移すまで天平《てんぴょう》文化の中心地として繁栄《はんえい》した。

(4) 戸籍《こせき》に登録された人々には税や兵役などが課された。

(5) 国は土地の開墾《かいこん》を後おしして税を得ようとし、**ア**→**イ**→**ウ**の順で法を出した。
　アは死ぬと土地が国に返されるという法、**イ**は自分で切り開いた土地は孫の代まで所有できるという法。

18 国際的な文化の開化

1 (1) 聖武《しょうむ》　(2) 天平《てんぴょう》
(3) 東大寺《とうだいじ》　(4) 古事記《こじき》
(5) ①万葉集《まんようしゅう》　②ア

解き方

1 (1)(2) 天平文化とは、聖武天皇のころの、遣唐使《けんとうし》を通じてもたらされた、国際色豊かな文化である。東大寺正倉院《しょうそういん》に、当時の文化を表す聖武天皇の遺品が収められている。

(3) 聖武天皇と光明皇后《こうみょうこうごう》は、伝染病や災害などの不安から仏教の力によって国家を守ろうと考えた。

(5)① 柿本人麻呂《かきのもとのひとまろ》や山上憶良《やまのうえのおくら》などの歌人や農民、防人《さきもり》がつくった和歌も収められている。

② **イ**は奈良時代に唐《とう》から日本に招かれた僧《そう》。**ウ**は日本の僧で、橋やため池をつくったり、東大寺・国分寺《こくぶんじ》の造営に尽力《じんりょく》したりした。

19 平安京《へいあんきょう》と摂関《せっかん》政治

1 (1) アとウ（順不同）　(2) イ
(3) 例 天皇となったから。

解き方

1 (1) **ア** 794年、平安京に都が移った。**イ** 670年、天智天皇が庚午年籍《こうごねんじゃく》をつくった。**ウ** 797年、征夷大将軍《せいいたいしょうぐん》として東北へ派遣《はけん》された。**エ** 694年に完成した日本で初めての本格的な都で、持統《じとう》天皇が完成させた。桓武天皇の在位期間（781～806年）におこったできごとは、**ア**と**ウ**。

(3) 皇室と藤原氏《ふじわらし》の系図で、詮子《せんし》、超子《ちょうし》、彰子《しょうし》、嬉子《きし》、禎子《ていし》の子は天皇となっていることが読み取れる。

20 文化の国風化

1 (1) ア　(2) 国風《こくふう》文化
(3) イ、エ（順不同）　(4) ウ

解き方

1 (1) **イ**は奈良時代の聖武天皇のころに栄えた天平文化、**ウ**は聖徳太子や蘇我氏《そがし》が仏教を重んじたことから栄えた飛鳥文化である。

(3) **ア**と**ウ**は奈良時代につくられたものなので、仮名文字は使用されていない。

(4) 平等院鳳凰堂《びょうどういんほうおうどう》には阿弥陀如来像《あみだにょらいぞう》が置かれ、死後に極楽浄土《ごくらくじょうど》へ行けるよう祈《いの》りがささげられた。

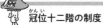

理科 解答編

1 生物の特徴《とくちょう》と分類のしかた

❶ (1) ア (2) B
(3) 例 目をいためるから。

❷ (1) A…接眼レンズ B…対物レンズ
(2) ウ→エ→イ→ア (3) 400倍

解き方

❶ (1) タンポポの花のように、手に持って動かせるものを観察するときは、ルーペを目に近づけて持ち、手に持ったタンポポの花を前後に動かしてピントを合わせる。
(2) スケッチは、線を二重がきしたり、影《かげ》をつけたりせず、細い線と小さな点ではっきりとかく。
(3) ルーペで太陽を見ると、ルーペで集まった太陽の光が目に当たり、目をいためてしまう。

❷ (2) 顕微鏡《けんびきょう》のピントを合わせるときは、対物レンズとプレパラートがぶつからないように、横から見ながら対物レンズとプレパラートを近づけた後、接眼レンズをのぞきながら、対物レンズとプレパラートを遠ざけていく。
(3) 顕微鏡の倍率＝接眼レンズの倍率×対物レンズの倍率 より、
10×40＝400 → 400倍

2 花のつくりとはたらき

❶ (1) A…がく B…おしべ
C…めしべ D…花弁
(2) A→D→B→C (3) やく
(4) 花粉 (5) 子房《しぼう》
(6) ① 胚珠《はいしゅ》 ② 被子植物《ひししょくぶつ》

解き方

❶ (1)(2) 花の中心にはめしべが１本あり、そのまわりにおしべがある。その外側には花弁があり、いちばん外側にがくがある。
(3)(4) おしべの先端にある小さな袋状のつくりをやくといい、中には花粉が入っている。
(5)(6) めしべのもとのふくらんだ部分を子房といい、中には胚珠が入っている。被子植物の「被」は、「おおわれている」という意味である。

3 果実や種子のでき方

❶ (1) A…種子 B…果実
(2) 記号…D 名称…柱頭
(3) 受粉
(4) 記号…E 名称…子房《しぼう》
(5) 記号…F 名称…胚珠《はいしゅ》
(6) 胚珠

解き方

❶ (1) 被子植物《ひししょくぶつ》の種子は、果実の中にある。
(2)(3) めしべの先端《せんたん》の部分を柱頭といい、柱頭に花粉がつくことを受粉という。
(4)(5) 受粉すると、子房は果実になり、胚珠は種子になる。
(6) 種子は胚珠が変化したものなので、種子が複数できたということは、胚珠が複数あったということになる。

4 マツのなかまの花と種子

❶ (1) 図１…B 図２…b
(2) c…胚珠《はいしゅ》 d…花粉のう
(3) c (4) 裸子植物《らししょくぶつ》
(5) イ、エ（順不同）
(6) 子房
(7) 種子植物

解き方

❶ (1)(2) マツの枝の先端《せんたん》には雌花《めばな》があり、根もとには雄花《おばな》がある。Cは、まつかさ（前年の雌花）である。
また、雌花（a）のりん片には胚珠（c）、雄花（b）のりん片には花粉のう（d）がついており、花粉のうには花粉が入っている。
(3) 受粉後、胚珠が種子に変化する。
(4) 裸子植物の「裸」は、「むき出し」という意味である。
(5) アブラナやサクラは、胚珠が子房の中にある被子植物である。
(6) 果実は子房が変化してできるので、子房がない裸子植物には果実ができない。

ここも大事！ 種子をつくらない植物

シダのなかまやコケのなかまのように、種子をつくらない植物もある。

理科 解答

5 単子葉類と双子葉類《そうしようるい》

1 (1) a…主根　b…側根
(2) ひげ根《ね》　(3) 根毛
(4) 葉脈　(5) 単子葉類
(6) 根…B　葉…D
(7) 双子葉類　(8) ア、ウ

解き方

1 (1) 主根から側根が枝分かれしている。
(3) 根毛があることにより、根の表面積が大きくなるため、水を効率よく吸収できる。
(5) 「単」は「1」という意味である。
(6) 単子葉類の根はひげ根で、葉脈は平行(平行脈)である。
(7) 「双」は「2」という意味である。なお、双子葉類の根は主根と側根で、葉脈は網目状《あみめじょう》(網状《もうじょう》脈《みゃく》)である。
(8) イネやツユクサ、トウモロコシなどは、単子葉類である。

ここも大事!

単子葉類と双子葉類

- 単子葉類…子葉は1枚、根はひげ根、葉脈は平行(平行脈)。
- 双子葉類…子葉は2枚、根は主根と側根、葉脈は網目状(網状脈)。

6 種子をつくらない植物

1 (1) ウ　(2) 胞子《ほうし》のう
(3) 胞子　(4) シダ植物

2 (1) a…胞子のう　b…仮根《かこん》
(2) B　(3) ない。
(4) コケ植物

解き方

1 (1) イヌワラビの茎と根は地下にあるので、地上に出ている部分はすべて葉である。
(2)(3) 葉の裏には、胞子が入った胞子のうがある。

2 (1)(2) 先端《せんたん》に胞子のうがついているAが雌株《めかぶ》である。
(3) スギゴケには、根・茎・葉の区別がない。根のように見えるbは仮根とよばれ、体を地面に固定している。

7 植物の分類

1 (1) A…ウ　B…エ　C…イ　D…ア
(2) ア、エ(順不同)
(3) 裸子植物《らししょくぶつ》　(4) 胞子《ほうし》
(5) ソテツ…c　ツツジ…a

解き方

1 (1) 植物は、種子でなかまをふやす種子植物(a～c)と、胞子でなかまをふやす植物(d、e)に分けられる。
　種子植物は、胚珠《はいしゅ》が子房《しぼう》の中にある被子植物《ひししょくぶつ》(a、b)と、胚珠がむき出しの裸子植物(c)に分けられる。
　被子植物は、子葉が2枚の双子葉類《そうしようるい》(a)と、子葉が1枚の単子葉類(b)に分けられる。
　胞子でなかまをふやす植物は、根・茎・葉の区別があるシダ植物(d)と、根・茎・葉の区別がないコケ植物(e)に分けられる。
(2) 双子葉類の葉脈は網目状(網状脈《もうじょうみゃく》)で、根は主根と側根からなる。
　なお、単子葉類の葉脈は平行(平行脈)で、根はひげ根《ね》からなる。

8 セキツイ動物の特徴《とくちょう》と分類

1 (1) セキツイ動物
(2) B…両生類　C…ハチュウ類
(3) B　(4) C、D
(5) 胎生《たいせい》　(6) E

解き方

1 (1) 背骨は、セキツイともよばれる。
(2) セキツイ動物は、フナやメダカなどの魚類、カエルやイモリなどの両生類、トカゲやヘビなどのハチュウ類、ハトやペンギンなどの鳥類、イヌやウサギなどのホニュウ類の5つのグループに分けられる。
(3) 両生類は、子は水中、親は陸上で生活する。そのため、子のときはえらや皮膚で呼吸するが、親になると肺や皮膚で呼吸するようになる。
(4) 魚類と両生類は水中に殻のない卵《らん》を産み、ハチュウ類と鳥類は陸上に殻のある卵を産む。
(5)(6) 子を産むなかまのふやし方を胎生、卵を産むなかまのふやし方を卵生《らんせい》という。ホニュウ類だけが胎生で、ほかはすべて卵生である。

9 無セキツイ動物の特徴《とくちょう》と分類

1 (1) 無セキツイ動物
(2) ① 外骨格 ② 節足動物
(3) ① 昆虫類《こんちゅうるい》 ② 甲殻類《こうかくるい》
(4) ① 外《がい》とう膜《まく》 ② 軟体動物《なんたいどうぶつ》
(5) A…イ B…ウ

解き方

1 (2)① セキツイ動物には、体の内側に背骨を中心とした骨格(内骨格)があるのに対して、節足動物には、体の外側にかたい殻(外骨格)がある。
② 節足動物の体やあしは、多くの節に分かれている。
(3) 節足動物は、バッタやカブトムシなどの昆虫類や、エビやカニなどの甲殻類などに分けられる。なお、クモやダンゴムシのように、昆虫類でも甲殻類でもない節足動物もいる。
(4) 外とうは衣服の「コート」のことである。
(5) ウニやミミズは、節足動物でも軟体動物でもない無セキツイ動物である。

10 動物の分類

1 (1) A…オ C…イ F…ア G…エ
(2) a…ホニュウ類 g…軟体動物《なんたいどうぶつ》
(3) 卵生《らんせい》
(4) [前から順に] えら、肺

解き方

1 動物は、背骨があるセキツイ動物(a～e)と背骨がない無セキツイ動物(f～h)に分けられる。

セキツイ動物のうち、子を産む胎生《たいせい》なのはホニュウ類(a)だけで、ほかはすべて卵を産む卵生である。このうち、スズメなどの鳥類(b)とカメなどのハチュウ類(c)は陸上に殻のある卵を産み、カエルなどの両生類(d)とマグロなどの魚類(e)は水中に殻のない卵を産む。

鳥類の体表は羽毛でおおわれているが、ハチュウ類の体表はうろこでおおわれている。なお、両生類の体表はしめった皮膚、魚類の体表はうろこでおおわれている。

両生類は、子のときは水中で生活するが、親になると陸上で生活するようになる。これに合わせて、呼吸方法がえらや皮膚から、肺や皮膚に変化する。

無セキツイ動物のうち、体が外骨格とよばれる殻でおおわれているものを節足動物(f)という。また、内臓が外とう膜とよばれる筋肉の膜でおおわれているものを軟体動物(g)という。無セキツイ動物の種類は非常に多く、ミミズのように節足動物でも軟体動物でもないもの(h)も多数いる。

11 実験器具の使い方

1 (1) A…空気調節ねじ
B…ガス調節ねじ
(2) b
(3) ウ→エ→イ→オ→ア
(4) 例 液体が急に沸騰《ふっとう》するのを防ぐため。(液体の突沸《とっぷつ》を防ぐため。)

2 (1) 水平なところ (2) ウ

解き方

1 (1) 上にあるAが空気調節ねじ、下にあるBがガス調節ねじである。ガス調節ねじは、ホースを通ってくるガスの量を調節するときに操作する。
(3) ガスバーナーを点火するときは、マッチに火をつけてからガス調節ねじを開く。
(4) 液体が急に沸騰すると、液体がはねることがあり、危険である。

2 (2) 液面の平らなところが$20cm^3$の目盛りと重なっているとき、液体の体積は$20.0cm^3$である。

12 有機物と無機物

1 (1) 白くにごった。
(2) 二酸化炭素
(3) A…砂糖 C…食塩
(4) 有機物
(5) 無機物
(6) ア、ウ

解き方

1 (1)(2) 二酸化炭素には、石灰水を白くにごらせる性質がある。
(3) かたくり粉と砂糖は燃えて二酸化炭素を発生するが、食塩は燃えない。また、砂糖は水にとけるが、かたくり粉は水にとけない。
(4)(5) 炭素をふくみ、燃えると二酸化炭素を発生する物質を有機物といい、有機物以外の物質を無機物という。
(6) 金属やガラスは無機物である。

13 金属と非金属

1 (1) A、D

(2) A、D

(3) A、D

(4) ① ○ ② ○ ③ × ④ ○

(5) 非金属

解き方

1 (1)〜(4) 金属には、電気を通しやすい、熱を伝えやすい、たたくとうすく広がる(展性)、引っ張ると細くのびる(延性)、みがくと特有の光沢《こうたく》(金属光沢)が出るなどの共通の性質がある。

やりがちミス!

磁石に引きつけられるのは、すべての金属に共通する性質ではない。引きつけられるのは、鉄など、ごく一部の金属だけである。

14 密度

1 (1) イ (2) $7.13g/cm^3$

(3) 亜鉛 (4) 浮く。

2 (1) 50g (2) $7.5cm^3$

解き方

1 (1) メスシリンダーの目盛りは、液面の平らなところを目分量で最小目盛りの10分の1まで読みとる。図のときの目盛りを読みとると$61.8cm^3$で、はじめに入れた水の体積は$50.0cm^3$なので、物体Xの体積は、

$61.8cm^3 - 50.0cm^3 = 11.8cm^3$

(2) 密度〔g/cm^3〕= 質量〔g〕÷ 体積〔cm^3〕 より、

$84.1g \div 11.8cm^3 = 7.127\cdots g/cm^3$

→ $7.13g/cm^3$

(3) 密度は、物質の種類によって値《あたい》が決まっているので、密度が同じなら、同じ物質でできていると考えられる。

(4) 液体に固体を入れたとき、固体のほうが密度が大きければ沈み、小さければ浮く。

2 密度の公式を変形して計算する。

(1) 質量〔g〕= 密度〔g/cm^3〕× 体積〔cm^3〕 より、

$2.5g/cm^3 \times 20cm^3 = 50g$

(2) 体積〔cm^3〕= 質量〔g〕÷ 密度〔g/cm^3〕 より、

$30g \div 4.0g/cm^3 = 7.5cm^3$

15 気体の集め方

1 (1) A…水上置換法《ちかんほう》

B…下方置換法

C…上方置換法

(2) ① とけにくい

② とけやすい

③ 密度

(3) B

解き方

1 (1) Aは気体を水と置きかえて集める水上置換法である。また、Bは気体を容器の下方で空気と置きかえて集める下方置換法、Cは気体を容器の上方で空気と置きかえて集める上方置換法である。

(2)(3) 水にとけにくい気体の場合、気体が空気と混ざりにくい水上置換法で集める。水にとけやすい気体の場合、水上置換法だと気体が水槽内の水にとけてしまうので、密度が空気より大きければ下方置換法、密度が空気より小さければ上方置換法で集める。

16 気体の発生方法①

1 (1) 酸素 (2) ウ (3) ア

2 (1) 空気 (2) (うすい)塩酸

(3) 白くにごる。

解き方

1 (2) 酸素は水にとけにくい気体なので、水上置換法で集める。

(3) 酸素にはものを燃やす性質があるので、酸素の中に火がついた線香を入れると、線香が炎《ほのお》を上げて燃える。

なお、イで気体自身が燃えれば水素、ウで赤色リトマス紙が青色に変化すればアンモニアであることが確認できる。

2 (1) 気体が発生し始めた直後は、気体の発生装置内の空気が押《お》し出されて出てくる。そのため、しばらくしてから気体を集め始める。

(2) うすい塩酸に石灰石や炭酸水素ナトリウムを入れると、二酸化炭素が発生する。

(3) 二酸化炭素には、石灰水を白くにごらせる性質がある。そのため、二酸化炭素の検出には、石灰水がよく使われる。

17 気体の発生方法②

1 (1) A…イ　B…オ
(2) 水にとけにくい性質　(3) イ

2 (1) イ
(2) 水に非常にとけやすい性質

解き方

1 (1) うすい塩酸などの酸性の水溶液に、亜鉛や鉄、アルミニウムなどの金属がとけると、水素が発生する。
(2) 図の集め方は水上置換法《ちかんほう》で、水にとけにくい気体を集めるときに使う。水にとける気体だと、発生した気体が水槽《すいそう》内の水にとけてしまう。
(3) 水素は気体自身が燃え、燃えた後には水ができる。
　なお、**ア**は酸素、**ウ**は二酸化炭素、**エ**はアンモニアや塩化水素などの性質である。

2 (1) 気体には、有毒なものや、においが強いものがある。そこで、気体を吸いこみすぎないようにするため、フラスコに直接鼻を近づけるのではなく、手であおぐようにしてにおいをかぐ。
(2) アンモニアは非常に水にとけやすい。そのため、スポイトから押し出された水にとけ、その分、ビーカーの水がフラスコ内に上がってきて、噴水になる。

18 気体の性質

1 (1) A…アンモニア　E…水素
(2) ア
(3) B…二酸化炭素　C…窒素
D…酸素

解き方

1 (1) 5種類の気体のうち、アンモニアには刺激臭《しげきしゅう》(鼻をつくようなにおい)があり、水に非常にとけやすい。また、水素は空気より非常に軽い。
(2) アンモニアは水に非常にとけやすく、空気より密度が小さいので、上方置換法で集める。
(3) 実験1で線香が炎をあげて燃えた**D**は、ものを燃やすはたらきがあるので、酸素である。また、実験2で石灰水が白くにごった**B**は、二酸化炭素である。したがって、**C**は窒素である。

19 物質のとけ方

1 (1) 溶媒《ようばい》　(2) 溶質　(3) 溶液
(4) エ　(5) 20%
(6) 純粋《じゅんすい》な物質(純物質《じゅんぶっしつ》)
(7) 混合物

解き方

1 (3) 溶媒が水である溶液は、特に水溶液とよばれる。
(4) とけた溶質は、溶液中に均等に散らばっている。
(5) 溶液の質量〔g〕= 溶媒の質量〔g〕+ 溶質の質量〔g〕 より、溶液の質量は、
100g + 25g = 125g
質量《しつりょう》パーセント濃度《のうど》〔%〕= 溶質の質量〔g〕÷ 溶液の質量〔g〕× 100 より、
25g ÷ 125g × 100 = 20 → 20%

20 溶解度《ようかいど》と再結晶《さいけっしょう》

1 (1) 飽和水溶液《ほうわすいようえき》
(2) 38.9g
(3) ① 再結晶 ② 146.8g
③ ろ過
(4) 例 塩化ナトリウムは、溶解度が温度によってほとんど変化しないから。

解き方

1 (2) 硝酸カリウムは、40°Cの水100gに63.9gまでとける。したがって、さらにとかすことができる量は、
63.9g − 25.0g = 38.9g
(3)② 硝酸カリウムは、80°Cの水100gには168.8g、10°Cの水100gには22.0gまでとける。したがって、出てくる硝酸カリウムの量は、
168.8g − 22.0g = 146.8g
③ ろ紙などを使って液体と固体を分けることをろ過という。
(4) 塩化ナトリウムは、80°Cの水100gには38.0g、10°Cの水100gには35.6gまでとける。とける最大の量が温度によってほとんど変わらないので、高温の飽和水溶液を冷やしても、結晶がほとんど出てこない。

英語 解答編

1　英語の音と文字

1 (順に) B　E　J　R　T　W

2 (順に) d　h　m　q　u　y

3 (1) a　(2) g　(3) p
(4) F　(5) K　(6) N

4 (1) game　(2) library　(3) book

解き方

3 (1)(2)(3) それぞれ大文字なので小文字にする。
(4)(5)(6) それぞれ小文字なので大文字にする。

4 (1) cakeとgameのaは[ei]の発音になる。
cat、apple、bagのaは[æ]（アに近い音）の発音。
(2) bikeとlibraryのiは[ai]の発音になる。
picture、fish、dinnerのiは[i]の発音。
(3) footとbookのooは[u]の発音になる。
food、room、noonのooは[uː]（ウーとのばす音）の発音。

2　語順、a、an、複数形

1 (1) I walk　(2) play soccer
(3) I like music

2 (1) a　(2) a　(3) an　(4) an　(5) an
(6) a

3 (1) balls　(2) cups　(3) buses
(4) boxes　(5) libraries
(6) countries　(7) knives
(8) children

4 (1) two cats
(2) many[a lot of] books
(3) some pens

解き方

1 (1) 主語（I「私は」）のあとに動詞（walk「歩く」）を続ける。
(2)「～を」にあたる語（soccer）は動詞（play）のあとに置く。
(3)〈主語＋動詞〉「私は好きです」のあとに、music「音楽」を置く。

2 anは母音で始まる語句（apple、egg、old car）の前につける。それ以外の語にはaをつける。

やりがちミス！ anを使うのは、すぐあとの語が母音（アイウエオに似た音）で始まるとき。名詞が母音で始まっていてもその前の形容詞が母音でなければaを使う。
× an big orange
○ a big orange

3 (1)(2) 語尾《ごび》にsをつけて複数形にする。
(3)(4) 語尾にesをつけて複数形にする。
(5)(6)〈子音字＋y〉で終わる語は、yをiにかえてesをつける。
(7) feで終わる語は、feをvにかえてesをつける。

4 (1)「私は2匹のネコを飼っています。」
(2)「私はたくさんの本を持っています。」
(3)「私は何本かのペンを使います。」

ここも大事！ **不規則に変化する複数形に注意！**
・man（男性）→ men
・woman（女性）→ women
・child（子ども）→ children
・tooth（歯）→ teeth　・foot（足）→ feet
fish（魚）やsheep（羊）のように、単数形と複数形が同じ名詞もあるよ。

3　be動詞の文①

1 (1) am　(2) is　(3) are　(4) is

2 (1) I'm from Canada.
(2) He is Mr. Brown.

3 (1) I am twelve　(2) She is a
(3) You are from

解き方

1 be動詞は、主語がIならam、youならare、heやsheならisを使う。
(1)「私は伊藤ユイです。」
(2)「彼《かれ》は北海道の出身です。」
(3)「あなたは彼の先生です。」
(4)「彼女はスミス先生です。」

2 (1)「私はカナダの出身です。」
I amの短縮形はI'm。
(2)「あなたはブラウン先生です。」→「彼はブラウン先生です。」
主語がHeになるので、be動詞をisにかえる。

3「～は…です。」という文。〈主語＋be動詞～〉の語順にする。

4 be動詞の文②

❶ (1) is (2) is (3) They
❷ (1) We are from Japan.
(2) They are teachers.
❸ (1) They are birds (2) We are new
(3) This is an old

解き方

❶ (1)「これは新しいボールです。」
主語がthisやthatの場合は、be動詞はisを使う。
(2)「あちらはホワイト先生です。」
(3)「彼《かれ》ら〔彼女《かのじょ》たち〕はサッカー選手です。」
be動詞がareでそのあとの名詞が複数形(players)なので、主語は複数。
❷ 主語を複数にするので、be動詞はareになる。
(1)「私は日本の出身です。」→「私たちは日本の出身です。」
(2)「彼は先生です。」→「彼ら〔彼女たち〕は先生です。」
❸ 〈主語＋be動詞～〉の語順にする。

5 be動詞の否定文 / 疑問文

❶ (1) He is not[He isn't, He's not] a tennis player.
(2) Are they in the classroom?
❷ (1) I'm not (2) she is
❸ (1) We are not busy
(2) My brother isn't in his room
(3) Is she a baseball fan / No, she isn't

解き方

❶ (1)「彼はテニス選手です。」→「彼はテニス選手ではありません。」
否定文にするので、be動詞のあとにnotを置く。
(2)「彼ら〔彼女たち〕は教室にいます。」→「彼ら〔彼女たち〕は教室にいますか。」
疑問文にするので、be動詞を主語の前に出す。
❷ (1)「トム、あなたはオーストラリアの出身ですか。」「いいえ、そうではありません。」
(2)「彼女のお母さんは医者ですか。」「はい、そうです。」
❸ (1)(2) be動詞の否定文は〈主語＋be動詞＋not ～〉の語順にする。
(3) be動詞の疑問文は〈be動詞＋主語～？〉の語順にする。

ここも大事!

be動詞の意味

be動詞には「いる〔ある〕」という意味もあるよ。場所を表す語の前によく使われるinは、「～に、～で」という意味！
例 Is he in the classroom?
「彼は教室にいますか。」

6 be動詞の使い分け

❶ (1) am (2) is (3) are (4) are
(5) players
❷ (1) is (2) are、books
❸ (1) That woman is my
(2) They are in the gym

解き方

❶ (1)「私は沖縄の出身です。」
(2)「これが私たちの学校です。」
(3)「トムと私は親友です。」
Tom and I が主語で複数なので、be動詞はareが適する。

やりがちミス!

(3)× Tom and I am good friends.

Iがあるからbe動詞はam、としないように。「トムと私」の２人が主語だから複数だよ。friendsが複数形であることからも、主語は複数であることがわかるね。

(4)「彼女の兄弟は公園にいます。」
(5)「あなたたちは野球選手です。」
baseballの前にaがないので複数形。
❷ (1)「あなたは日本で人気の歌手です。」→「彼は日本で人気の歌手です。」
主語がHeになるので、be動詞をisにかえる。
(2)「これは古い本です。」→「それらは古い本です。」
主語を複数のTheyにするので、be動詞をareにかえる。また、anをとって名詞のbookを複数形にすること。
❸ (2)「～にいる」という意味の文なので、〈主語＋be動詞〉のあとに、場所を表すin the gym（体育館に）を続ける。

7 一般動詞①

1 (1) use　(2) know　(3) play

2 (1) 話します　(2) ほしいです
(3) 見ます

3 (1) I play the guitar
(2) We study English

解き方

❶ それぞれの語の意味は、play →「(スポーツを)する、(楽器を)ひく」、have →「持っている、食べる」、use →「使う」、know →「知っている」

❸〈主語＋動詞＋目的語〉の語順にする。
(1) playには「(楽器を) ひく」という意味もある。主語のI (私は) で始めて動詞のplayを続ける。そのあとに、目的語となるthe guitarを置く。
(2) We study「私たちは～を勉強する」のあとに、目的語となるEnglishを続ける。

8 一般動詞②

1 (1) get　(2) wait　(3) look

2 (1) 聞きます　(2) 寝《ね》ます

3 (1) Look for my dog
(2) I get up at

解き方

❶ (1) get to ～「～に着く」
(2) wait for ～「～を待つ」
(3) look at ～「～を見る」

❷ (1) listen to ～で、「～を聞く」の意味を表す。
(2) go to bedで、「寝る」の意味を表す。

❸ (1)「～をさがす」はlook for ～で表す。
(2)「起きる」はget upで表す。時刻を表すsevenの前には、「(時刻)に」を表す前置詞のatを置く。

ここも大事!

覚えておきたい他の連語！

・arrive at / in ～　「～に着く」
・get on / off ～　「(乗り物に)乗る」
　　　　　　　　　/「(乗り物から)降りる」
・give up ～　「～をあきらめる」
・look after ～　「～の世話をする」
・turn on / off ～　「(電気を)つける」
　　　　　　　　　/「(電気を)消す」

9 一般動詞の否定文 / 疑問文

1 (1) don't　(2) don't
(3) Do、speak

2 (1) do　(2) they don't

3 (1) I don't have
(2) Do they walk to

解き方

❶ (1)「私はサッカーが好きです。」→「私はサッカーが好きではありません。」
否定文は〈do not＋動詞〉でも表せるが、ここは1語なので短縮形のdon'tを使う。動詞のlikeの前にdon'tを置いて否定文にする。
(2)「私たちはこの部屋を使います。」→「私たちはこの部屋を使いません。」
(3)「彼ら〔彼女《かのじょ》たち〕は英語を話します。」→「彼ら〔彼女たち〕は英語を話しますか。」
疑問文にするので、〈Do＋主語＋動詞～？〉の形にする。

❷ (1)「あなたはこの歌を知っていますか。」「はい、知っています。」
〈Yes,＋主語＋do.〉の形で答える。
(2)「彼ら〔彼女たち〕は毎日野球を練習しますか。」「いいえ、しません。」
Noで答えるときは、don't[do not]を使う。

❸ (1)「～しません」という否定文なので、主語のあとに〈don't＋動詞〉を続ける。haveには「(動物を)飼っている」という意味もある。
(2)「～しますか」という疑問文なので、Doで始めて〈主語＋動詞〉を続ける。「歩いて～へ行く」はwalk to ～で表す。

10 疑問詞疑問文 What

1 (1) What、that　(2) What time
(3) What do

2 (1) day　(2) They[These]

3 (1) What's the date
(2) What do you do
(3) What time do you get

解き方

❶ (1)「あれは犬です。」→「あれは何ですか。」
Thatが指すものが何かをたずねるので、疑問詞Whatを使う。
(2)「8時です。」→「何時ですか。」
時刻をたずねるときは、What time ～?の疑問文でたずねる。

(3)「彼《かれ》ら〔彼女《かのじょ》たち〕は朝食にトーストとヨーグルトを食べます。」→「彼ら〔彼女たち〕は朝食に何を食べますか。」
疑問詞Whatのあとは疑問文の語順になる。一《いっ》般《ぱん》動詞のhaveを使った文なので、What do ～?となる。

❷ (1)「今日は何曜日ですか。」「土曜日です。」
曜日をたずねるときは、What day ～?

(2)「これらは何ですか。」「それら〔これら〕はクッキーです。」

❸ (1) 日付をたずねる疑問文は、What's the date ～?の形にする。

(2) 一般動詞のdoを使った文なので、疑問詞Whatのあとは〈do＋主語＋動詞～〉の語順になる。

(3)「何時に～しますか」とたずねるので、What timeのあとに〈do＋主語＋動詞～〉を続ける。

ここも大事!

〈What＋名詞～?〉の表現

- What time is it now?（今何時ですか。）
- What day is it today?
（今日は何曜日ですか。）
- What subject do you study today?
（あなたは今日、何の教科を勉強しますか。）
- What animal do you like?
（あなたはどの動物が好きですか。）

11 疑問詞疑問文 Who

❶ (1) Who　(2) Who are
❷ (1) Who's　(2) She is
❸ (1) Who is this
(2) Who's that girl
(3) Who is your favorite

解き方

❶ (1)「あの女の子はユキです。」→「あの女の子はだれですか。」
〈Who＋be動詞＋主語?〉

(2)「彼ら〔彼女たち〕は私の友だちです。」→「彼ら〔彼女たち〕はだれですか。」

❷ (1)「あちらはだれですか。」「あちらはマイクです。彼はカナダの出身です。」
Who isの短縮形のWho'sを使う。

(2)「あの女性はだれですか。」「彼女は私の先生です。」
代名詞のsheを使って、「彼女は～です」と答える。

❸ (1)〈Who＋be動詞＋主語?〉の語順にする。

(2) Who'sのあとに主語のthat girl（あの女の子）を続ける。byは「～のそばに」という意味の前置詞。

(3) 主語は「あなたのお気に入りの歌手」。「お気に入りの」という意味の形容詞favoriteは、名詞singerの前につける。

12 疑問詞疑問文 How

❶ (1) イ　(2) ウ　(3) ア
❷ (1) How　(2) How's、weather
❸ (1) How about some tea
(2) How do you go
(3) How many pencils do

解き方

❶ (1)「このカップはいくらですか。」「500円です。」
How much ～?は「～はいくらですか」とたずねる疑問文。値段を答えているのは**イ**。

(2)「あなたのお兄さん〔弟〕は何歳《さい》ですか。」「17歳です。」
How old ～?は「～は何歳ですか」とたずねる疑問文。年齢を答えているのは**ウ**。

(3)「あなたは何匹《びき》の犬を飼っていますか。」「2匹です。」
How many ～?は数をたずねる疑問文なので、Two. と答えている**ア**を選ぶ。

❷〈How＋is[are]＋主語?〉は「～はどうですか?」と現在の体調や天気をたずねる疑問文。

(1)「お元気ですか。」「元気です。」
How are you?は相手の体調をたずねるときに使う。

(2)「北海道の天気はどうですか。」「くもりです。」
天気をたずねるときは、How's the weather ～?の疑問文にする。How'sはHow isの短縮形。

ここも大事!

天気・気候を表す形容詞

・sunny「晴れた」	・cloudy「くもった」
・rainy「雨降りの」	・snowy「雪降りの」
・hot「暑い」	・cold「寒い」

❸ (1)「～はいかがですか」と相手にすすめるときは、How about ～?でたずねる。

(2)「どのように～しますか」と手段や方法をたずねるときは、〈How＋疑問文の語順～?〉の疑問文でたずねる。

(3) 数をたずねるときは、〈How many＋名詞の複数形～?〉の疑問文を使う。

13 疑問詞疑問文 Where

1 (1) Where / In　(2) Where / It's

2 (1) どこにいますか

(2) どこで野球をしますか

3 (1) Where is your sister

(2) Where are you

(3) Where do you practice

解き方

❶「どこにいる〔ある〕か」をたずねるときは、〈Where＋be動詞～？〉の疑問文。

(1) 答えの文では〈主語＋be動詞〉が省略されることもある。〈前置詞＋場所〉だけで答える。

(2)「それは～にあります」と答えるので、主語と動詞It isの短縮形It'sが入る。

❷ (2) Whereのあとに一般《いっぱん》動詞の疑問文が続くので、「どこで～しますか」とたずねる文になる。

❸ (1)(2)〈Where＋be動詞の疑問文～？〉の語順。

(3)〈Where＋一般動詞の疑問文～？〉の語順。

ここも大事!

場所を表す前置詞

- in 「(比較的《ひかくてき》広い場所)～で〔に〕」、「～の中に〔で〕」
- at 「(比較的せまい場所)～で〔に〕」
- on 「～の上に」
- near 「～の近くに」
- by 「～のそばに」
- in front of ～ 「～の前に」　など

14 疑問詞疑問文 When

1 (1) When / It's　(2) When / Every

2 (1) いつですか

(2) いつ宿題をしますか

3 (1) When is your

(2) When do you

(3) When do you have

解き方

❶「いつ？」とたずねる文は、〈When＋疑問文の語順～？〉の形になる。

(1)〈When＋be動詞の疑問文～？〉には、be動詞を使って答える。

(2)「毎週～曜日」は〈every＋曜日〉で表す。答えの文で、主語や動詞がわかりきっているときは、それらを省略することもある。

❷ (1) Whenのあとはbe動詞なので、「いつですか」とたずねる。

(2) Whenのあとはdo you ～なので、「いつ～しますか」とたずねる。

❸ (1)「～はいつですか」とたずねるので、〈When＋be動詞の疑問文～？〉の語順にする。

(2)(3)「いつ～しますか」とたずねるので、〈When＋一般動詞の疑問文～？〉の語順にする。

15 canの文

1 (1) can play　(2) can dance

(3) can speak

2 (1) 走ることができます

(2) ひくことができます

3 (1) I can go　(2) He can sing

(3) She can write Japanese

解き方

❶〈主語＋can＋動詞の原形～.〉の文にする。

(1)「私はバスケットボールをします。」→「私はバスケットボールをすることができます。」

(2)「あなた(たち)は上手にダンスをします。」→「あなた(たち)は上手にダンスをすることができます。」

(3)「彼ら〔彼女たち〕は英語を話します。」→「彼ら〔彼女たち〕は英語を話すことができます。」

❷〈can＋動詞の原形〉で「～することができる」の意味になる。

❸ (3)〈主語＋can＋動詞の原形〉のあとに、目的語のJapaneseを続ける。

ここも大事!

canの文によく使われる語

- well 「上手に」　・fast 「速く」
- today 「今日」　・tomorrow 「明日」

16 canの否定文 / 疑問文

❶ (1) can't[cannot]
(2) Can they / they can't[cannot]

❷ (1) 使うことができません
(2) 話すことができますか

❸ (1) We cannot play soccer
(2) Can you see that
(3) Can I take pictures

解き方

❶ (1)「私は速く泳ぐことができます。」→「私は速く泳ぐことができません。」
否定文にするので、canをcan't[cannot]にかえる。

(2)「彼《かれ》ら〔彼女《かのじょ》たち〕はギターをひくことができます。」→「彼ら〔彼女たち〕はギターをひくことができますか。」「いいえ、できません。」
疑問文にするので、canを主語の前に出す。canの疑問文にNoで答えるときは、〈No, + 主語 + can't [cannot].〉の形にする。

❷ (1)〈can't + 動詞の原形〉で「〜することができません」の意味を表す。

(2) canの疑問文で動詞はspeakなので、「〜を話すことができますか」とたずねる文になる。

❸ (1)「〜できません」という文なので、〈主語 + cannot + 動詞の原形〜.〉の語順になる。

(2) canの疑問文は、〈Can + 主語 + 動詞の原形〜?〉の語順。

ここも大事!

canの疑問文の意味

canの疑問文は、❸の(3)のように許可を求めるときや依頼《いらい》するときにも使うよ！　依頼の文にはcanを使わないで答えることもあるよ。

・相手に許可を求めるとき
Can I take pictures here?
(ここで写真をとってもいいですか。)
— Yes, you can.　(はい、いいですよ。)

・相手に依頼するとき
Can you open the door?
(ドアを開けてくれますか。)
— Sure.　(もちろん。)
Yes, of course.　(はい、もちろんです。)
All right.　(いいですよ。)
Sorry, I'm busy now.
(すみません、今は忙《いそが》しいのです。)

17 命令文

❶ (1) Go　(2) Don't open
(3) Let's play

❷ (1) 静かにしなさい
(2) 行きましょう

❸ (1) Look at this picture
(2) Don't be late
(3) Let's have lunch

解き方

❶ (1) 命令文にするときは、主語を省略して動詞の原形で文を始める。

(2) 禁止を表す命令文にするので、主語のYouを省略して〈Don't + 動詞の原形〜.〉の形にする。

(3)「〜しましょう」と相手をさそう文にするので、〈Let's + 動詞の原形〜.〉の文となる。togetherは「いっしょに」という意味の副詞。

❷ (1) beはbe動詞(am、are、is)の原形で、quietは「静かな」という意味の形容詞。

ここも大事!

〈Be + 形容詞〜.〉でよく使われる形容詞

・quiet「静かな」　・late「遅《おく》れた」
・kind「親切な」　・careful「注意深い」

(2)〈Let's + 動詞の原形.〉で「〜しましょう」の意味になる。go shopping「買い物に行く」

❸ (1) 文末にpleaseがある、「〜してください」という意味の命令文。主語がないので、動詞で文を始める。「〜を見る」はlook at 〜で表す。

(2) 否定の命令文なので、Don'tで始める。lateは形容詞なので、be lateの形でDon'tのあとに続ける。

(3)〈Let's + 動詞の原形〜.〉の形にする。haveには「食べる」という意味もある。

ここも大事!

Beで始まる命令文

Beのあとには名詞が続くこともある。
・Be a good boy.　(いい子でいなさい。)

18　3人称単数現在形①

❶ Mike、she、it、that book（順不同）

❷ (1) plays　(2) wants　(3) likes
(4) uses　(5) teaches　(6) does

❸ (1) runs　(2) washes　(3) visit

解き方

❶ youは2人称、theyとweは複数、Iは1人称単数。

❷ 動詞の語尾がsかesで終わる。
(1)〜(4) 語尾にsをつける。
(5) chで終わる語なので語尾にesをつける。
(6) oで終わる語なので語尾にesをつける。

❸ (1)「彼女《かのじょ》は毎日公園で走ります。」
主語のSheは3人称単数なので、動詞はrunsとなる。
(2)「ケイトは夕食後にテレビを見ます。」
主語のKateは個人の名前なので3人称単数。代名詞ではSheに置きかえられる。watchはchで終わる語なので、その語尾にesをつける。
(3)「たくさんの人々がこの国を訪《おとず》れます。」
主語のMany peopleは複数なので、動詞は原形のvisitを選ぶ。

19　3人称単数現在形②

❶ (1) reads　(2) tries　(3) studies
(4) washes　(5) knows　(6) has

❷ (1) He　(2) They　(3) Ms. Yamada

解き方

❶ (1)(5) 語尾にsをつける。
(2)(3)〈子音字＋y〉で終わる語なので、語尾のyをiにかえてesをつける。
(4) shで終わる語なので、esをつける。
(6) haveは特別な形になる語で、hasにする。

やりがちミス！

study → studies　×studys
go → goes　×gos
have → has　×haves
この3つは注意！

❷ (1)「彼《かれ》は新しい自転車がほしいです。」
wantsは3人称単数現在形なので、主語は3人称単数のHeを選ぶ。
(2)「彼ら〔彼女たち〕はオーストラリアに住んでいます。」
動詞がliveなので、主語は複数を表すTheyを選ぶ。
(3)「山田先生は国語を教えます。」
teachesは3人称単数現在形なので、主語はMs. Yamadaを選ぶ。

20　一般動詞の使い分け

❶ (1) clean　(2) studies　(3) has
(4) reads　(5) play

❷ (1) He plays the guitar.
(2) My sister lives in Canada.
(3) Miki speaks English well.
(4) Riku watches TV every night.

❸ (1) He knows this town
(2) Amy listens to music

解き方

❶ (2)(3)(4)は主語が3人称単数なので、動詞を3人称単数現在形にする。
(1)「私は毎週日曜日に自分の部屋をそうじします。」
(2)「彼女は英語を熱心に勉強します。」
studyをstudiesにかえる。
(3)「マイクには2人の姉妹がいます。」
haveをhasにかえる。
(4)「私の兄〔弟〕は毎日本を読みます。」
(5)「エミとメグはいっしょにテニスをします。」
主語はEmi and Megで複数なので、動詞は原形のまま使う。

❷ それぞれ主語を3人称単数にかえるので、動詞も3人称単数現在形にする。
(1)「私はギターをひきます。」→「彼はギターをひきます。」
(2)「私たちはカナダに住んでいます。」→「私の姉〔妹〕はカナダに住んでいます。」
(3)「あなたは英語を上手に話します。」→「ミキは英語を上手に話します。」
(4)「彼ら〔彼女たち〕は毎晩テレビを見ます。」
→「リクは毎晩テレビを見ます。」

❸ 主語はそれぞれ3人称単数。
(1) knowをknowsにかえる。
(2) listenをlistensにかえる。

国語 解答編

1 ６年生の漢字

1 (1) しんみつ　(2) せいじゅく　(3) そんげん　(4) ちゅうじつ　(5) すいり　(6) じょうりゅう

2 (1) 拝借　(2) 揮発　(3) 厳格

3 (1) 納める　(2) 勤める　(3) 映す　(4) 訪ねる

4 (1) 肺・心臓・胃・脳　(2) 法律・憲法・内閣

解き方

4 (1)は体に関する言葉、(2)は社会に関する言葉の仲間。

2 新しい読み方の漢字

1 (1) ひがた　(2) いしょう　(3) せんしょく　(4) あやつ　(5) すわ　(6) おとず

2 (1) 鋼　(2) 我　(3) 己　(4) 筆舌　(5) 若年　(6) 盛大

3 (1) 専ら　(2) 著しい　(3) 割く　(4) 蒸す

解き方

小学校で習った漢字の中学で習う読み方。

3 (2) 「著しい」は、「はっきり、目立って」の意味。

3 筆順

1 (1) ウ　(2) ア　(3) エ　(4) イ　(5) オ

2 (1) ア　(2) ア

3 (1) 四　(2) 三　(3) 九　(4) 八　(5) 二　(6) 五　(7) 三

4 画数

1 (1) 三　(2) 六　(3) 九　(4) 十一　(5) 十三

2 (1) エ　(2) ア　(3) イ　(4) エ

3 (1) エ・ク　(2) カ・コ　(3) ウ・オ　(4) イ・キ　(5) ケ・シ　(6) ア・サ

解き方

2 (1) 「号」と「写」は５画。選択肢《せんたくし》はそれぞれ、「切」４画、「考」６画、「区」４画。

(2) 「第」と「帳」は11画。選択肢はそれぞれ、「弱」10画、「運」12画、「蒸」13画。

(3) 「節」と「裏」は13画。選択肢はそれぞれ、「貿」12画、「緑」14画、「郷」11画。

(4) 「隊」と「満」は12画。選択肢はそれぞれ、「移」11画、「様」14画、「健」11画。

5 部首

1 (1) ①　(2) ⑥　(3) ②　(4) ⑤　(5) ④　(6) ⑦　(7) ③

2 (1) ⻗　(2) 攵　(3) 阝　(4) 疒　(5) 口

3 (1) エ　(2) ア　(3) オ　(4) イ

4 (1) 言　(2) 宀　(3) ⺮　(4) 糸

解き方

3 (1) 「頁」は、頭に関することを表す漢字が多い。

4 (1) 「言」をつけると「計」「訓」「訪」になる。

(2) 「宀」をつけると「安」「守」「客」になる。

(3) 「⺮」をつけると「笛」「等」「答」になる。

(4) 「糸」をつけると「粉」「細」「終」になる。

ここも大事!

「『阝』の名前」

「阝」は、漢字の右側にあるときは「おおざと」。左側にあるときは「こざとへん」になるよ。

・おおざと…都・郵・郷・部

・こざとへん…限・降・除・階

6 おさえたい新出漢字①

1 (1) しば　(2) ひゆ
(3) ふつう　(4) さんびき
(5) びんせん　(6) きそ

2 (1) 担架　(2) 辛酸　(3) 一瞬

3 (1) 驚く　(2) 扱い　(3) 挟む

4 (1) (右から) 柄・核
(2) (右から) 込める・違う

解き方

❶ (1) 「縛」の音読みは「バク」。「束縛」などの熟語がある。
(2) 「比喩」は、「たとえ」の意味。

❷ (3) 「瞬」の部首は「目」。

❹ (1) 「柄」「核」は、「きへん(木)」の漢字。
(2) 「込」「違」は、「しんにょう(辶)」の漢字。

やりがちミス!

❸ (3) 「挟」と「狭」を混同しないようにしよう!

○挟　×狭

挟…挟む(はさむ)　狭…狭い(せまい)

7 おさえたい新出漢字②

1 (1) とくちょう　(2) まほう
(3) みぎうで　(4) かみなり
(5) あま　(6) けっさく

2 (1) 遺跡　(2) 皆目　(3) 優秀

3 (1) 捉える　(2) 響く　(3) 頼む

4 (1) (右から) 伸びる・僕
(2) (右から) 抜く・拠

解き方

❶ (6) 「傑作」は、「すばらしい作品」や「良い出来ばえ」の意味。

❷ (1) 「遺」を「遣」と書かないように注意する。

❸ (2) 「響」は、「郷」と「音」が組み合わさった漢字。

❹ (1) 「伸」「僕」は、「にんべん(亻)」の漢字。
(2) 「抜」「拠」は、「てへん(扌)」の漢字。

8 漢字の音訓

1 (1) A りゅうがく　B るすばん
(2) A むり　B ぶじ
(3) A かいまく　B ばくふ
(4) A にちべい　B はくまい

2 (1) A ま　B ふ
(2) A おぼ　B さ
(3) A なみきみち　B なら

3 A きょう　B こんにち

解き方

❷ 他にも「治」(なお-る・おさ-める)、「重」(おも-い・かさ-ねる) などがある。

❸ 同じ形の熟語でも読み方が複数あるものは、文脈から判断する。

ここも大事!

「音・訓が一方だけの漢字」

中学校までに音読みだけ、または、訓読みだけしか習わない漢字もあるよ。
音読みしか習わない漢字
例 博(ハク)、勉(ベン)、席(セキ)
訓読みしか習わない漢字
例 畑(はたけ)、込(こ-む)、匂(にお-う)

9 文章・段落・文

1 (1) 文章　(2) 段落　(3) 文

2 (1) ① 三　② 歩道橋
(2) 八

解き方

❶ 言葉の単位は、文章(談話)・段落・文・文節・単語の順に小さくなっていく。

❷ (1)① 段落の数は、行の初めが一字下がっているところの数で判断する。
(2) 「?」で区切られている部分に注意する。

ここも大事!

「『!』や『?』で区切る文」

「文」は、「。(句点)」だけでなく、「!(感嘆符《かんたんふ》)」や「?(疑問符)」を使って区切ることもあるよ。
例 今日は何をしよう?
きっとそうに違《ちが》いない!

10 文節の分け方

❶ (1) 姉はネ美術部のネ部長だネ。

(2) 今年のネ秋はネ台風がネ多いネ。

❷ (1) ア　(2) イ

❸ (1) 明日は/姉と/映画館に/行く。

(2) ペンギンが/海に/飛び込む。

(3) 兄が/マンガを/読んで/いる。

❹ (1) ア　(2) イ

解き方

❷ (1)　イは単語で区切られている文。

❸ (3)　「読んでいる」で一文節にしないように注意する。「いる」は自立語なのでその前で区切る。一つの文節には、自立語は一語しかないことを覚えておく。

やりがちミス!

❸ (2)　複合語は一文節だよ。

複合語は単語だから一文節。
「飛び/込む」にはならない!

11 単語の分け方

❶ (1) ア　(2) イ

❷ (1) 弟/の/靴/は/まだ/新しい。

(2) 目的地/へ/バス/で/行く。

❸ (1) ア　(2) イ　(3) イ　(4) ア

❹ (1) 家/で/友達/と/ゲーム/を/する。

(2) 姉/に/荷物/を/運ん/で/もらう。

(3) 弟/の/話/は/いつも/おもしろい。

解き方

❶ (1)　イは文節で区切られている文。

❸ (1)　「○○する」で一つの動詞なので、「する」の前で区切らないように注意する。

(2)(3)　複合語は単語なので、これ以上分けることができない。

❹ (2)　「運んでもらう」など、「〜で（て）」の形の言葉は、三単語に分けることができる。

12 接続する語句・指示する語句

❶ (1) けれど　(2) 呼びかけると

(3) 暖かいので　(4) 調べたが

❷ (1) この　(2) そちら　(3) どんな

❸ (1) (例) 空腹だったので

(2) (例) 力走したが

❹ (1) (青い服の) 女の子

(2) 病院に行く

(3) 南国

解き方

❶ 「接続語」は、前後の文や文節をつなぐ役割をもつ文節のこと。

❷ 「こそあど言葉(指示語)」は、具体的な名前の代わりに、場所や事物、方向などを示す役割がある。

(3)　「どんな」は、はっきりしないものを示すときに使う。

❸ (1)　「空腹だったので」は、「空腹である」ことが「元気がない」理由になっている。

❹ 指示する語句を使えば、同じ言葉を繰《く》り返《かえ》し使うことを避《さ》けられる。指示する語句が指すものを、指示する語句に当てはめてみて、意味が通るかどうか確かめる。

ここも大事!

「接続語が表す関係」

接続語は、主に「逆接」「理由」「条件」を表すよ。

雨が降ったが、運動会は開催《かいさい》された。…逆接

雨が降ったので、運動会は中止になった。…理由

雨が降ったら、運動会は中止になるだろう。…条件

13 詩①

❶ (1) むしん

(2) (ただやたらに) 青いばかりの絵

(3) イ

(4) 遠景

解き方

❶ (2)　最終行にある「ただやたらに青いばかりの絵」という言葉から。

(4)　少女がかいたものは、詩のタイトルとして端《たん》的《てき》に表されている。

国語 解答

14 詩②

1 (1) 空気
(2) ア
(3) 三
(4) いとおしくてならず・なってしまいたい

解き方

1 (1) タイトルが内容を端的《たんてき》に表している。
(2) 空気が「そこに　ある物」に対して、どんな役割をもっているかを考える。
(3) 普通《ふつう》の文章で段落に当たるものが、詩では連と呼ばれることを覚えておく。「まるで〜ように」という言葉がたとえの表現になっている。

ここも大事!

「たとえ表現（比喩《ひゆ》）の効果」

たとえ表現（比喩）には、情景や心情をよりわかりやすく伝えたり、驚《おどろ》きや感情の変化などを印象深く伝えたりする効果があるよ。
「りんごのように赤い夕日」「風がやさしく頬《ほお》をなでる」「ダイヤモンドの瞳《ひとみ》」など。

15 小説①

1 (1)（例）学級委員の選挙
(2) ア
(3)（例）誰か他人の名前を書く
(4) ヒコベエの気持ち

解き方

1 (1) はじめの「ヒコベエ」の言葉から、どんな場面をえがいた物語なのかを確かめる。
(2) 「ヒコベエ」は、「学級委員になりたい」という欲望と、「その気持ちを友達には絶対に知られたくない」という羞恥の、二つの対立した気持ちで葛藤している。
(3) 父親の最後の言葉に、ヒコベエのための提案が含《ふく》まれている。全員がヒコベエの名を書けば、ヒコベエも自分の名を書いたことになるが、一票だけ違う名の票があるだけで、それを避けることができる、という提案である。
(4) 物語に登場する人物の考えや気持ちを、その言葉から想像しながら読む。

16 小説②

1 (1)（例）耳が不自由で、話がしづらいから。
(2) エ
(3) ありがとう
(4) イ

解き方

1 (1) おにいさんは、耳が聞こえないため、話をすることが不自由なので、ミオに向かって手ぶりを使って伝えようとしたのである。
(2) 「だからミオの呼びかける声もわからなかったのだ」から、ミオがおにいさんに無視されたと思っていたことがわかる。
(3) おにいさんは、ミオが傘を拾ってくれたことに対して感謝の気持ちを伝えている。
(4) 雨雲が切れ、太陽がかがやいて町が照らされる描写から、ミオが明るく晴れやかな気持ちになったことがわかる。

17 評論①

1 (1) 鉄・鉛のかたまり・ガラス・骨
（順不同）
(2)（例）石と呼ぶことができてしまう
(3) エ
(4) ウ

解き方

1 (1) ――①は石についての説明。この説明に当てはまるものとして、三段落目で「鉄」「鉛のかたまり」「ガラス」「骨」の四つが挙げられている。
(2) ――①の説明が「不完全不適切」なものであるとされる理由について問われている。(1)の答えに挙げられているものも、石と呼ぶことができるのであれば、説明が不完全不適切だということになる。
(3) 「しかし」は、逆接の接続語である。
(4) アは、本文では話題にされていない。イは、石と砂と岩がすべて同じ説明になっているとは、書かれていないので、当てはまらない。ウは、石の説明の中に砂や岩が出てくることが問題だといっている点に当てはまる。石の意味がわからないと、砂や岩の意味がわからないので、結局石の意味もわからないことになる。従って、ウが正答。

18 評論②

1 (1) 哺乳類
(2) 水をた～ている
(3) イ
(4) ア

解き方

1 (1) 本文中の主語が何であるかを明確にする。二段落目の「つまり…」で全体の内容を要約していることから、「私たち」は「哺乳類」を指していることがわかる。

(2) 「私たち」と「ニワトリやトカゲ」を比べて、いかに「私たち」が「もったいない」ことをしているか、端的《たんてき》に表した部分をぬき出す。

(3) 「一方」の前後の事柄を比較《ひかく》すると、「私たち」と「ニワトリやトカゲ」を対比していることから、イが適切。

(4) 「つまり」の前の段落で、——④の理由が述べられている。イ・エは文章中に書かれていない。ウは哺乳類に当てはまる説明であるため、アが適切。爬虫類と鳥類は、尿をあまり出さないことで体内の水を捨てないで済んでいる。そこが、哺乳類よりも陸上生活に適応している点である。

19 古典①

1 (1) A いいける
B いたり
(2) さぬきのみやつこ

解き方

1 (1)A 「ひ」を「い」に直す。
B 「ゐ」を「い」に直す。「ゐ」はワ行のイ段。「わゐうゑを」となる。

(2) 出てくる人物は、「さぬきのみやつこ」と「三寸ばかりなる人」の二人。「三寸ばかりなる人」を見つけるまでの動作は、すべて「さぬきのみやつこ」がしたこと。
「あやしがりて」は、現代語訳にあるとおり、「不思議に思って」という意味。現代語の「あやしい」とは違《ちが》うので覚えておくとよい。

20 古典②

1 (1) ウ
(2) 楚人
(3) イ

解き方

1 (1) 現代語訳と見比べて確認する。

(2) 「或ひと」と「其の人」が別の人物であることに気をつける。

(3) 楚人が答えることができなかったのは、「この盾を突き通すことができるものはない」「この矛で突き通せないものはない」と、つじつまが合わないことを言っていたからである。